小学館文庫プレジデントセレクト

実践版 孫子の兵法

人生の岐路で役に立つ「最強の戦略書」

鈴木博毅

小学館

はじめに

人生で勝利したいすべての方へ。

これは最新の『孫子』です。


本書は、2500年前に書かれた『孫子』を現代の視点で分析した書です。

『孫子』は古代中国の呉という国で、将軍だった孫武が書き上げた、戦争に勝つための戦略書です。

本書はそのままの解釈ではなく、いわば孫武の最終目標を先回りして描いています。

文字を見つめたのではなく、天才軍師の孫武のアタマを覗くことを目指しました。

孫子を道具として使うとすれば、いま何ができるかを分析したのです。

孫子の遺骨から、デジタル画像で3D化した本当の彼の顔を目指したのです。

『孫子』を新たな感覚で皆さんに味わっていただけることを期待しています。

2500年間、最高峰であり続ける戦略書

2500年前に書かれた兵法書の『孫子』。
しかし本書は、古典ではなく、新たな書籍として読み解いていきます。
勝つことを目指して書かれた書籍ゆえ、読む人の目標はいつの時代も同じ。
新たな勝利を摑むことが、『孫子』の永遠の目標なのです。

人と組織が争う意味で、古代中国の戦場と、現代ビジネスには共通点があります。
一人の天才軍師の思考と視点から、私たちの日常を眺めたらどう見えるのか。
その答えを追求し、本書で描きました。

過去2500年間、勝利を熱望する幾多の人間が、読み継いだ書籍です。
多くの優れた含蓄があることは、説明するまでもなく明らかです。
問題は、貴重な英知が、現代の私たちが使える形になっているかです。
本書では、使えるエッセンス化を最大の目標として、詳細な分析をしています。
読み終わる頃には、稀代の天才軍師が、あなたの心の友となっているでしょう。

大切な人のため、理想を実現するため、新たな戦場に歩み出す皆さんへ。
人生に勝つ、最新の兵法書『孫子』をぜひ携えて進んでいただきたいと思います。

目次

第五章
なぜ、兵の「実力」を引き出せないのか？

上級編 孫子をさらにマスターしたい方へ 成り立ちと特徴を分析する

序章
世界最高峰といわれる『孫子』が書かれた背景とは？

歴史上もっとも有名な戦略書と言えば『孫子』を挙げる人は多いでしょう。紀元前500年頃、現在の中国で「呉」と呼ばれた国に仕えた孫武が書いた兵法書とされ、以来2500年近く読み継がれてきた書物です。

しかしこれほど存在が知られた『孫子』ですが、私たちの日常とは少し離れた存在だと思われていることが少なくありません。

世界的に有名な戦略書でも、自分の人生には関係ないもの、というわけです。

しかし現代の私たちの人生にも、さまざまな場面で「勝負」が存在します。受験勉強、就職活動、ビジネス、人生、恋愛、結婚、子育てなど。

戦争の冷徹な原理を極めた書籍『孫子』は、私たちの人生の大切な場面で、多くの示唆を与えてくれるのです。

伍子胥の血塗られた復讐を助けた、孫武の英知

孫武は兵法書『孫子』の作者と言われながら、生涯の史実は少なく、現在でも議論

がされている存在です。司馬遷によって編纂された歴史書『史記』などによると、もともとは楚という国の重臣の家柄の伍子胥《ごししょ》という人物が、政敵の讒言《ざんげん》で父と兄を殺されて呉に逃亡したことが始まりです。伍子胥は呉王の闔閭《こうりょ》に仕えた際に、孫武の著作を献上し、その才を認めた闔閭が、孫武を呉の将軍にしたのです。孫子の著者が初めて歴史に登場した瞬間です。

孫武は呉の将軍として、伍子胥と共に呉の国力を高め、強国に仕立てていきます。紀元前506年、呉と楚は柏挙で戦闘を行い、孫武のみごとな陽動作戦により数倍の規模を持つ楚の主力軍を撃破、さらに進撃して5戦5勝、10日で楚の首都を陥落させ、楚の昭王は逃亡します。孫武は自らを推挙してくれた伍子胥の復讐を果たしたのです。

伍子胥はすでに亡くなっていた平王（父と兄を殺した仇）の墓をあばき、憎しみのあまりその死体に鞭打ちます。これが「死者に鞭打つ」の語源となります。

孫武の時代における天才たちと、伍子胥の悲劇

楚を攻めていた呉を、隣国の越が襲撃し、呉軍は急遽本国へ帰還を迫られます。また伍子胥の古い親友の申包胥《しんほうしょ》という人物が、秦へ祖国救援の嘆願を行ったことで、秦の軍勢が楚の救援に駆けつけて、楚は滅亡を免れます。

呉王闔閭は、孫武が止めるのも聞かず、越に戦いを仕かけますが、越の名臣范蠡《はんれい》の奇策に敗れ、その時の怪我がもとで亡くなります。しかし、伍子胥と孫武は闔閭の子である夫差《ふさ》を支え、のちに越との戦闘で大勝することになります。孫武が呉で手腕を発揮した時代、呉は周辺諸国に睨みをきかせる大国となりました。

これ以降、孫武の歴史上の記録はなく、彼のその後の足取りはわかりません。一説には呉政府内で讒言されたことで、自ら辞職をした、あるいは恩ある伍子胥の復讐を終えたことで、呉を離れて隠棲し、兵法書の執筆を行ったなど諸説があります。

残された伍子胥は、越の名臣范蠡の謀略により、呉王夫差の怒りを買って誅殺され、慢心に歯止めの利かなくなった夫差は、最終的に越に滅ぼされてしまいます。

越での役割を終えたと考えた范蠡は、秘かに越を脱出し他国で平穏な生涯を終えます。

一方、同じ越で重臣だった文種《ぶんしょう》は、越王に謀反の疑いをかけられ殺されました。孫武の伝説が正しいならば、二人の天才軍師は共に人生を全うしたことになります。将来、わが身に降りかかるであろう危機を、彼らは事前に察知できたのでしょう。

三国志の英雄「曹操」から毛沢東、ビル・ゲイツまで

歴史をよく知る方の中には、三国志の英雄、曹操が『孫子』を愛読し、注釈書まで書いたことをご存じの方もいるでしょう。彼は魏の幹部将軍たちに、自ら注釈を書いた『孫子』を配布しており、将軍たちの教育に使用していたのです。

20世紀では、中国の毛沢東のほか、イギリスの軍事研究家、リデル・ハートにも『孫子』は強い影響を与えています。

孫武が現役を引退したのは、約2500年前です。にもかかわらず、これほど長期

間研究が続けられているのは、何らかの普遍的な真理が含まれているからだと推測されます。

歴史に、戦争に、英雄たちの栄枯に影響を与え続けてきた兵法書『孫子』。その優れた戦略は多くの軍人たちに愛読され、戦場の劇的な勝利を生み、孤独と戦いながら道を切り拓いて、ビジネスで成功した経営者の傍らにあったのです。

『孫子』は２５００年間、勝者を生み出し続けた最高峰の戦略書なのです。

第一章

なぜ、勝てない戦いに挑むのか？

01 孫子は「不敗」を一番大切なものだと言った

やめる「勇気」をいまこそ発揮しよう!

兵法書は、戦争に勝つための道具です。
だから勇ましい言葉を思い浮かべる人もいるかもしれません。
ところが孫子には激烈な勇気を鼓舞するような言葉は、ほとんど出てきません。
なぜなら、孫子は「不敗」、つまり負けないことを一番大切だと考えているからです。

「戦争は国家の重大事であって、国民の生死、国家の存亡がかかっている。それゆえ、細心な検討を加えなければならない」(書籍『孫子・呉子』守屋洋、守屋淳) 以下同

戦うのは有利なときだけ、勝利を100%確信できる状態のときだけです。

それ以外のときはどうすればよいのか？　簡単です。
戦わない決断をし、やめる勇気を発揮して、逃げることに専念するのです。
孫子には「勇気を振り絞れ！」などの言葉は出てきません。
不利なときのがむしゃらな勇気は、敵の餌食になるだけと冷たく切り捨てます。
賭け事で不利だとわかっていながら大金をつぎ込んでしまう。
事業がもう救いようがないと思いながら、自転車操業のため借金を重ねる。
終わった恋だと知りながら、思い出にしがみついて若さをムダにする。
みんな、戦わない決断ができず、やめる勇気を発揮しないことで敗北するのです。

孫子ならどうする？ 1

不利なとき、やめる勇気を大胆に発揮しよう

ありのままの人は弱く、失敗ばかりで人生を終える

自然体でいることは、人の感情としては心地よいものです。

「自分らしく生きる」「ありのままのあなたが素敵」「無為自然」。

耳ざわりのよい言葉は世の中にあふれています。

でも古代兵法家の孫武がこれを聞いたら、恐らく大笑いするでしょう。

負け組は、いつの時代も学ばないものなのだと。

オセロ（リバーシ）というゲームをご存じでしょうか。

碁盤の目に白黒のコマを置き、挟まれるとコマの色が切り替わるボードゲームです。

小さな頃、皆さんもやったことがあるかもしれません。

これは頭を使う上に、慣れが必要なゲームです。

ところがオセロにもすでに確立した「定石（勝つ方法）」があります。

よい定石を学んで覚えた人は、多少賢い人が知識ゼロで戦う程度なら、赤子の手をひねる感覚で圧勝することになります。

頭脳が優れた天才でも、定石を知らなければ凡人に簡単に負けるのです。

人の生まれ持った才能には、微々たる違いしかありません。

ありのままの人は弱いのに、優れた定石（勝つ方法）を身につければ圧勝できる。
これはアタマの良し悪しではなく、生き方の良し悪しです。
「ありのままの自分」が好きな人は、学ぶことを知りません。
勝ち組の理屈にも関心を持たず、自分らしく生きて負けることになるのです。

孫子ならどうする？ 2

優れた定石をまず身につける

〝敵〟とは、あなたが新しく始めることである

現代の私たちは戦争をするわけではありません。
でも「敵」は私たちの日常に必ず存在しています。
それは新しく、あなたが取り組み始めることそのものです。
受験勉強をするなら、それがあなたの敵です。

大学生活を始めるなら、それもあなたの敵です。

就職活動をするなら、それもあなたの敵です。

恋愛を始めるなら、それもあなたの敵です。

子育てを始めるなら、それもあなたの敵です。

新しく始めることを成功させることが、すなわち敵に勝つことなのです。


「敵を知り、己を知るならば、絶対に敗れる気づかいはない。己を知って敵を知らなければ、勝敗の確率は五分五分である。敵も知らず己も知らなければ、必ず敗れる」


新しく取り組む「敵」の、すべての情報を集めていますか。

新しいプロジェクトの情報を限界まで集めているでしょうか。

結婚生活で大切なことを、努力して調べているでしょうか。

受験勉強なら、志望校の過去問だけでなく、合格した受験生の勉強法の共通点、学生生活の実際、大学の街の雰囲気、卒業生の進路などは、まず当然知っておくべきです。

大学の教授陣の著作があれば、読んでおくことも情報収集のひとつです。

自分を知るのは難しいかもしれません。
でも、敵を知ることは決して難しくないのです。

孫子ならどうする？ 3

新しく取り組むことの、情報をすべて集めておく

勝利のチャンスはあなたがつくるものではない

人は運命を操れません。
神様ではないからです。
しかし大きな勝利は、運命で決まることが多いのです。
でも、運命を操れない人ができることがあります。
すでに他人がやった失敗を避けることです。

「不敗の態勢をつくれるかどうかは自軍の態勢いかんによるが、勝機を見出せるかどうかは敵の態勢いかんにかかっている。したがって、どんな戦上手でも、不敗の態勢を固めることができるが、必勝の条件まではつくり出すことができない」

敵を知る、とは新しく取り組むことの情報を集めることです。
中でも、失敗談を集めることは重要です。
他人のやった失敗を避けることに直結するからです。
成功より失敗から学ぶことが多い、とはこのことを言うのです。

孫子ならどうする？ 4

勝利のチャンスを待つため、失敗をまず避ける

弱い自分から、全力を引き出すために

人間は弱い生き物です。
重要な仕事をつい後回しにしてしまう。
疲れていると、どうしても日々の生活を管理できない。
やるべきことから逃げてばかりいる。
結局、それでうまくいかなくなってしまう。
なぜこんな失敗をするかと言えば、自分が強い前提で動くからです。
自分は強いと思い込むと、できるはずだと勘違いする。
でも、本当は弱いのだからできないのです。

「兵士というものは、絶体絶命の窮地に立たされると、かえって恐怖を忘れる。逃げ道のない状態に追い込まれると、一致団結し、敵の領内深く入り込むと、結束を固め、どうしようもない事態になると、必死になって戦うものだ」

弱い自分に勝つ方法は二つあります。

一つは孫子のように、自らを窮地に立たせること。
プロジェクトリーダーに立候補する。
新しく挑戦的な仕事を請け負う。
好意を寄せる相手がいるなら、告白してしまう。
重要な目標を、周囲の人に宣言してしまう。
窮地を利用することで、自分の全力を引き出す機会にするのです。
二つ目の方法は、追い込まれる前に全力を出す習慣をつけることです。
そのためにも、自分が弱いことを自覚する必要があります。
「自分は弱い、だから追い込まれる前に完成させよう」と考えるのです。
「まだ俺は、本気を出していないだけ」と考えている人がいます。
でも待つだけで何もしないなら、本気を出す前に人生が終わります。

孫子ならどうする？ 5

自分を正しく追い込んで、早めに全力を引き出す

02 敗者の教訓、まずはそれを避ける

過去からの教訓を生かす

兵法書『孫子』は、多くの古代の戦闘を研究して生まれています。孫武の負け組に対する分析力は、極めて鋭いものです。

『孫子』には「〇〇してはいけない」という記述がいくつもあります。

「次の地形からは速やかに立ち去り、けっして近づいてはならぬ。
『絶澗《ぜっかん》』――絶壁のきり立つ谷間
『天井《てんせい》』――深く落ちこんだ窪地
『天牢《てんろう》』――三方が険阻で、脱出困難な所
『天羅《てんら》』――草木が密生し、行動困難な所

『天陥《てんかん》』――湿潤の低地で、通行困難な所
『天隙《てんげき》』――山間部のでこぼこした所

このような所を発見したら、こちらからは近づかず、敵のほうから近づくようにしむける。つまり、ここに向かって敵を追いこむのである」

孫武が兵法書を書き上げたとき、過去の戦闘の結果を参考にしたのです。その場所に近づき追い込まれて、実際に全滅した軍隊がいたのです。過去はさまざまな教訓を含んでいます。

中でも同じ業界や仕事での成功譚、失敗談は貴重です。過去から教訓を学ぶ者は、孫子のいう「不敗」に一歩近づけるのです。

孫子ならどうする？6

歴史を含めた過去を、自分への教訓とする

全体の8割は常に負け組である

パレートの法則をご存じの方も多いでしょう。
いわゆる「80：20の法則」として知られている事象です。
売り上げの80％は、20％の商品、20％の顧客で構成されている。
全体の中ですぐれているのは常にたったの2割なのです。
なにも考えずにいれば、いつの間にか8割の負け組に入ることになります。
自分がいま、立っている場所でうまくやっている人をまず見つける。
勝っている2割と、負けている8割の境界線を見抜くのです。
あなたがやりたいと思っていることで、成功している人は誰ですか。
成功している人はどこにいて、どんなことをしたから勝ったのですか。
勝者と敗者の境界線が見えなければ、2割に入ることは永遠にできません。
勝ち組の2割に入ったら、勝ち組の中のさらに上位2割を見つけるのです。
この繰り返しで、上に登っていくことができるのです。

孫子ならどうする？ 7

境界線の向こう側にいる2割を、まず見つける

負け組の8割が、そこから動かない理由がある

不思議ですが、負け組である8割は不満が少ないものです。
理由は簡単です。
欲しいものに手を伸ばそうとしない人たちだからです。
逆に言えば、手を伸ばすより、今に満足するほうが簡単なのです。
勝ち組の2割はいつも不満を抱えています。
欲しいけれど、まだ手に入れてないものに向かっているからです。

「勝利の条件をつくりだすことのむずかしさは、『わざと遠回りをして安心させ、敵よりも早く目的地に達し』、『不利を有利にかえる』ところにある」

急がば回れ、という言葉があります。
急いでいるのに遠回りしろ、とは不自然です。
中国古典の『老子』にも、似たような言葉があります。
縮めたければ、まず伸ばしてやる。
弱めたければ、まず強めてやる。
奪いたければ、まず与えてやる。
すべて、求める結果と最初は反対の道を選んでいます。
これは敵だけではなく、自分にも言えることです。
達成感が欲しければ、まず未達成のイライラに耐えるのです。
安心が欲しければ、不安に飛び込み克服するのです。
お金持ちになるには、まず貯蓄の苦しさを味わうのです。
ところが負け組の8割は違います。
安心感が欲しいとき、最初から安心を求めるのです。
何かを手に入れる挑戦に不安はつきものです。
ところが不安がイヤな人は挑戦を避けてしまう。

だからこそ、挑戦せず、背伸びもせず、いつまでも不安なのです。

達成感が欲しいとき、すぐに求めるからお酒や逃避に走るのです。

「迂直の計（急がば回れ）」は敵にだけ使うものではありません。

自分自身にも、使うことができるのです。

孫子ならどうする？ 8

勝者は手に入れたいものの、逆をまず味わう

ネガティブ・インパクトのみが人を動かす

孫武は、呉王に招かれたとき、こう聞かれています。

「一つためしに練兵を見せてくれぬか」

宮中の美女180人を集めて練兵をすることになりました。

呉王は孫武の軍師としての実力を試したかったのでしょう。

孫武は隊を二つに分け、王のお気に入りの姫を二人、隊長にします。合図について説明し、太鼓を実際に鳴らしました。

「右」(右へ向けの意味)

女たちはゲラゲラ笑いだします。

孫武は説明を何度も繰り返し、ふたたび太鼓を鳴らします。

「左」(左へ向けの意味)

またしても美女たちはゲラゲラ笑うばかり。

孫武は言いました。

「さきほどはわたしの落ち度であったが、こんどは違う。全員が号令をよく理解しているはずだ。号令どおりに動かないのは隊長の責任である」

手にしたマサカリで二人の隊長を斬ろうとします。

呉王はお気に入りの姫二人が斬られそうになるのを見て慌てます。

「その二人がいなくてはわたしは食事もノドを通らない。どうか斬らないでくれ」

孫武は「この部隊の将はわたしです。将が軍にあるときは、君命たりともお受けできないことがあります」。そう言うや、二人の隊長を斬り捨ててしまったのです。

そして彼は次の美女を後任の隊長に任命した。

ネガティブ・インパクトのみが人を動かす

戦争は国家の大事であって、
国民の生死、国家の存亡がかかっている

↓

失うものを軸にする孫子の思考は
「不敗」を重視した

当たり前の定石を徹底してマスター
↓

敵を知り、己を知ること
↓

本来弱い人間から全力を引き出す
↓

弱さや脆さを前提に考え、
失うものを先にイメージすることが、
用意周到さにつながり、
人から具体的な行動を引き出す

強さや自分の優秀さを
前提に考える人間の計画はずさんで、
万一の場合はすぐダメになる

孫武がふたたび、太鼓を鳴らし号令しました。

美女たちは左、右、前、後ろと整然と行動し一糸乱れぬ統率を見せます。

孫武は王に、練兵はすでに完了したと報告しました。

「王が命令されれば、兵は火の中、水の中でもとびこみます」


この逸話は、人はなにより、失うことに敏感だと教えています。

孫武は「失うもの（命）」をまざまざとイメージさせたのです。

宮中の美女たちは、自分が何を失うかわかったので必死になったのです。

孫子ならどうする?　9

失うものをイメージすると、人はすぐに動く

ポジティブなリストで人生が変わらない理由

自動車免許の更新のとき、安全運転講習を受けることがあります。
道路交通法の講義と物語風のビデオが流れます。
ビデオの内容は、悲劇のひとことです。
幸せいっぱいの家庭を持つ人が、交通事故を起こして人を死なせてしまう。
相手の遺族への膨大な賠償金、良心の呵責、家庭崩壊。
ありとあらゆる大切なものを失い、どん底まで落ちていきます。
なぜ、このような悲しい（架空の）物語を選んでいるのか。
大切なものの損失を人が恐れ、行動に影響を与えるからです。
次の更新まで無違反なら、免許の色がゴールドになります。
でも、そう伝えても多くの人の心を動かせないのです。
現状に満足していると、追加で何かを手に入れる動機は薄いからです。
新年、元旦に一年の目標をリストにする人がいます。
たいてい、思い通りに達成できません。
新しいことに手を伸ばす、という意識だからです。

○○をしたい、というポジティブなリストでは人生は変わりません。
そこに不安がないからです。
逆に、得るのではなく「失う恐怖」を考えると達成できます。
○○になった状態を失いたくない、と考えるのが正解なのです。
目標が叶った状態を思い浮かべ、それを失わない方法を考える。
あの夢が叶わなかったら困る、と考えるのです。

孫子ならどうする？ 10

失う恐怖と不安を利用して、自分を突き動かす

敵を軽視すれば、負けるのがおちである

敵とは、あなたが新しく取り組みたいと思っていることです。
敵を軽視するとは、これから取り組むことを軽く見ることです。

戦国時代では、敗者とはいくさに負け、国を滅ぼされた者です。
しかし現代では、単なる失敗以外に、何もしなかった敗者もいます。
本来手に入るはずの成功を、行動しなかったことで失った人。
本来手に入るはずの愛情を、行動しなかったことで失った人。
本来手に入るはずの夢を、行動しなかったことで失った人。
失う恐怖と不安は、あなた自身を知ることにつながります。

「兵士の数が多ければ、それでよいというものではない。やたら猛進することを避け、戦力を集中しながら敵情の把握につとめてこそはじめて勝利を収めることができるのである。逆に深謀遠慮を欠き、敵を軽視するならば、敵にしてやられるのがおちだ」

やる気があるだけでは（兵の数が多いだけでは）、敵を倒すことはできません。
自分の力を集中させながら、敵をトコトン知ることが必要です。
あなた自身の過去の戦いを振り返ることも大切です。
そこに敗者の教訓があれば、まずはそれを避けるのです。

孫子ならどうする？11

自分の過去の戦いを振り返り、勝利に向けて手を伸ばす

03 勝者が磨くべき5つの基本条件

不敗をより完璧な形にするために

挑戦することはすばらしいことです。
ただし結果が出るならば。
参加することに意義がある、などと言えば孫子は鼻で笑うでしょう。
兵法家からすれば、負けが決まっている挑戦ほど馬鹿なことはないからです。
しかし、挑戦も必要なのは事実です。
不敗とは、一生硬い殻に閉じこもることではありません。
本来手に入るものを失っているなら、それもまた負けだからです。

「勝利の見通しが立つのは、勝利するための条件がととのっているからである。逆に、見通しが立たないのは、条件がととのっていないからである。条件がととのっていれば勝ち、ととのっていなければ負ける。勝利する条件がまったくなかったら、まるで問題にならない」

戦うのであれば、勝つ条件を少しでも多くすることです。

事前の見通しを行い、勝てる条件を積み上げておく。

勝負をかける前に、勝つ条件を一つでも増やすことが孫子の流儀なのです。

孫子ならどうする？ 12

事前に勝負をイメージし、勝つ条件を積み重ねる

5つの基本条件、勝利の目算を高める方法

勝利の目算を立てるには5つの条件があります。

「一、彼我の戦力を検討したうえで、戦うべきか否かの判断ができること」

本当にそれは、あなたが始めるべきことか検討すること。
あなた自身の能力は十分か。
取り組む対象の情報をこれ以上ないほど把握しているか。
それを行うことで狙うだけの利益があるか。
目的はあくまで勝利であり、戦いを始めることではありません。
例えばフランチャイズに加盟する場合。
加盟することが目的ではなく、儲けることが目的のはず。
あなたがやって成功するものか。
加盟する先のビジネス情報を限界まで集めたか。
答えがYESでない場合、始めたことを大きく後悔するでしょう。
始めたことを後悔するようなことはやらない。
始めなかったことを悔やまないようにすべきなのです。

「二、兵力に応じた戦い方ができること」

今の自分の実力に応じた〝始め方〟をすること。

いきなり会社を辞めて、経験ゼロのビジネスを始めてはいけません。

あなたがそのリスクを負えないなら、破滅の危険があるからです。

戦い方とは、現代で言えば「始め方」に当たります。

同じビジネスをしている会社にまず転職してみる。

ビジネスパートナーを見つけるか、一人で始めるか。

大手企業と組むか、中小企業と組むか。

週末起業のように副業で始めることもできるはず。

始め方の工夫をこらすほど、敗北の可能性を減らすことになるのです。


「三、君主国民が心を一つに合わせていること」

現代では「君主と国民」の関係などほぼありません。

「国民」とはあなたの周りの人たち、と言い換えるべきです。

主人公という意味でのみ、あなたは君主なのです。

心を一つに合わせるとは、同じ目標を持つ、味方を生み出すことです。

周りを、目標を共有してくれる仲間にしてしまうこと。

あなたを応援してくれる、ファンになってもらうのです。

周囲に憎まれ、足を引っ張られるなら、どんな勝負も分が悪い。

仲間に囲まれ、ファンが応援してくれるなら勝率は格段に高まります。


「四、万全の態勢を固めて敵の不備につけこむこと」

学生が、試験のある時だけ勉強しても大した成果はありません。

万全の態勢を固めるとは、常に備えを続けることです。

チャンスが目の前にないときも、準備をしておくのです。

敵の不備とは、新たに始めることの中にチャンスを見つけることです。

今、あなたが始めることで有利になる点が発見できた瞬間です。

チャンスの扉が開く前に準備したあなたが、勝利に一番近いのです。


「五、将軍が有能であって、君主が将軍の指揮権に干渉しないこと」

現代では将軍と君主の関係もほぼありません。

ここでは事業の仲間、パートナーと言い換えることが適切です。

勝利の確率を高める5つの条件

［勝利の目算を立てる方法］

**あらかじめ、戦う前に以下の5つの条件を、
自分がどれほど整えているか振り返ってみる**

1
戦うべきか

本当にそれは
あなたが
始めるべきことか？

2
始め方

今の自分の実力に
応じた始め方を
選んでいるか？

3
心を一つに

同じ目標の
仲間、応援団を
つくっているか？

4
敵の不備を突く

自分の外にある
機会に
目を開いているか？

5
将軍との関係

有能なパートナーを選び、
相手の実力発揮を
妨げていないか？

まずなによりも有能な人物をパートナーに選ぶこと。
次にその相手が、実力を100%発揮できる状況にすることです。
干渉しない（放任）だけが手段ではありません。
優秀な相手の実力を引き出せるなら、どんな方法でもよいのです。
大切なのは、あなたの行動が相手の実力発揮を妨げないことです。

この5つの条件を満たすなら、戦う前からあなたの勝率は上がるのです。

孫子ならどうする？ 13

戦う前にこそ、勝利の5条件を充実させておく

優れた人の意見を、素直に聞いて準備する

優れたアドバイザーを得ることは、勝利の見通しを明るくします。

あなたの敵を、何度も倒している軍師ならその提言は貴重です。
戦う前に、そのような人物が味方になれば、勝負は当然有利です。
優れた人の意見を、素直に聞いて準備することです。

「王が、もしわたしのはかりごとを用い、軍師として登用するなら、必ず勝利を収めることができる。それなら、わたしは貴国にとどまろう。逆にわたしのはかりごとを用いなければ、かりに軍師として戦いにのぞんだとしても、必ず敗れる。それなら、わたしは貴国にとどまる意志はない」

古代中国で、孫武は呉王に仕えることになりました。
孫武が来てからの呉国は、連戦連勝でした。
破竹の勢いで周辺国家を圧倒したのです。
優れたアドバイザーの孫武に、呉王が素直に従ったからです。
やがて孫武が離れたとき、呉の衰退が始まりました。

孫子ならどうする？ 14

優れた人に助言を仰ぎ、素直に準備を行う

戦うことなく、目標の達成を狙う

現代にいる私たちは、孫武のように戦争の指揮はしません。
しかし敵や戦いは、私たちの日常に形を変えて溢れています。
「敵」とは、新しい取り組み、始めるものごとです。
「戦い方」とは、始める際の方法です。
「戦うこと」とは、時間、労力、資金をものごとに注ぎ込むことです。
一回戦うたびに、私たちは時間や労力、資金を投入しているのです。
仕事も戦いです。受験も戦いです。恋愛も戦いと言えるかもしれません。
孫子は戦うこと自体をリスクだと考えています。
結果が得られなければ、自軍が消耗するばかりだからです。

「百回戦って百回勝ったとしても、最善の策とはいえない。戦わないで敵を降服させることこそが、最善の策なのである」

ビジネスでは特に、必要資金と労力が少ないほど、勝率が高まります。
大きな工場跡の建物で、ホームセンターが営業を始める時代です。
居ぬきなら、投資が少なくて済むからです。
小さな資金と労力で、大きな目標達成を狙うことが重要です。
流行のクラウドファンディングも、戦いを避けた目標達成法の一つです。
次はより小さな資金、さらに短い時間、少ない労力で達成する。
そうすることは、戦わずに勝つ道に一歩近づくことなのです。

孫子ならどうする？ 15

数分の一の投資と労力で、同じ結果を出す道を探す

04 勝つことが当たり前になる世界へ

世の中は、当たり前のことしか起こらない

正しい勝負を選んでいるほうが勝つ。
常に準備をしているほうが勝つ。
始め方に工夫をするほうが勝つ。
味方をしてくれる人が多いほうが勝つ。
優れた軍師がいるほうが勝つ。
世の中は、意外に当たり前のことしか起こりません。
孫子の「不敗」とは、幸運に頼らない態勢を創り上げることです。

「あらかじめ勝利する態勢をととのえてから戦う者が勝利を収め、戦いをはじめてか

らあわてて勝利をつかもうとする者は敗北に追いやられる」

勝負は、負け組が考えるずっと前から始まっているのです。

負ける側が、必要性に気づいた頃には、勝ち組はすべての準備を終えている。

これで勝負を始めたら、後者が勝つのは当たり前なのです。

孫子ならどうする？ 16

3倍早く準備するなら、奇跡や幸運なしに勝てる

困っている人ほど、奇跡や過激なことを信じやすい

ピーター・ドラッカーという人物をご存じでしょうか。

経営思想家で「マネジメントの父」と呼ばれた著名人です。

彼の最初の著作は1939年出版の『経済人の終わり』でした。

ナチス、イタリアのムッソリーニなどファシズムの話がでてきます。
ドラッカーはファシズム台頭の理由をこう分析しています。
世界中の国民が、貧しさの中で困窮したからだと。
平常時であれば、相手にしないホラ話も、困っていると信じてしまう。
ナチスの公約は荒唐無稽だと、ドイツ市民は気づいていました。
でもあまりに貧しい状況に苦しんでいたため、人々は信じたのです。
荒唐無稽な公約を。できるはずがないホラ話を。
結果、ドイツは国家がほぼ壊滅する悲劇を体験したのです。
貧すれば鈍する、という言葉があります。
日々の生活に困るようでは、才能も発揮できず品性も落ちる。
この言葉は、そのような意味で使われます。
一発逆転をしなければ、と焦る時点で正常な判断力は失われています。
逆に、勝利の条件を積み重ねてきた側は、戦いを前に冷静な判断が可能です。
余裕があるほど、荒唐無稽な話に騙されず、正しく判断できるのです。

孫子ならどうする？ 17

正しい判断力がある状態か、自分を常に確認する

努力の汗が見える時点で、二つのことを間違えている

汗をかき必死で仕事をしていると「あいつ頑張っているな」と思われます。
ところが、孫武が上司なら「努力の汗が見える時点で失格だ」となるでしょう。

「毛を一本持ちあげたからといって、誰も力持ちとは言わない。太陽や月が見えるからといって、誰も目がきくとは言わない。雷鳴が聞こえたからといって、誰も耳がさといとは言わない（中略）。それと同じように、むかしの戦上手は、無理なく自然に勝った。だから、勝っても、その智謀は人目につかず、その勇敢さは、人から称賛されることがない」

努力は出てきません。頑張っているなと思われる必要もありません。
なぜ、孫武はあからさまな努力を否定するのか。
理由は二つあります。
一つは、最初から問題が起きないようにすべきだから。
仕事で問題があるから、対応で奮闘する必要があるのです。
段取りが下手だから、慌ただしい状態に陥るのです。
問題を起こさないことを徹底すれば、汗もかかずに涼しい顔です。
二つ目は、始める前に大差をつけておくべきだからです。
横綱と小学生が相撲を取れば、あっけなく横綱が勝ってしまいます。
実力にあまりの大差があるからです。
そこには何の興奮も、驚きもありません。
努力が見えるのは、問題と自分の実力が伯仲しているからです。
それでは戦い方のレベルが低いのです。
これなら売れるのも当たり前、という商品があります。
営業努力なしで売れるのは、製造段階で圧倒的な魅力をつけたから。
戦う前から大差を準備したのですから、あっさり勝つのも当然なのです。

孫子ならどうする？ 18

誰にも気づかれず、目立たない上級の勝ち方を目指す

勝ち易きに勝つ。下位企業を叩き続けろ

弱いものいじめ、とは悪いイメージのある言葉です。
教育現場ではぜったいに許してはいけないことでもあります。
しかしルールのあるビジネスでは、弱いものいじめは戦略の一つです。
具体的には、下位企業からシェアを奪う。売り上げを奪う。
規模のメリットを活かした低価格化は、典型的な弱いものいじめ戦略です。
この戦略の効果は抜群です。必勝のためには勝ち易きにまず勝つべきなのです。
試験なら、まず得意な科目を攻略する。

ビジネスなら、自分より小さな店を圧倒する。

「打つ手打つ手がすべて勝利に結びつき、万に一つの失敗もない。なぜなら、戦うまえから負けている相手を敵として戦うからだ」

上下を挟まれた企業でも、これは生き残る定石の一つです。
ランチェスター戦略とは、第二次世界大戦の研究から生まれた思想です。
この戦略も下位企業を叩くことを推奨しています。
上位と競い合いながら、下位企業からシェアを奪って台頭する。
勝ち易きにまず勝つ。それを続けて成長することを狙うのです。

孫子ならどうする？19

ビジネスでは、弱いものいじめも立派な戦略である

相手を味方に引き入れたら、負けはありえない

勝つことが当たり前になる世界。
そこにはもう一つ別のドアがあると孫子は言います。
戦わず、相手を味方に引き入れる戦略です。

「相手を傷めつけず、無傷のまま味方にひきいれて、天下に覇をとなえる」

あなたのビジネスをサポートします、という会社があるとします。
その会社は、あなたの味方になることで収益を上げています。
戦わないビジネスを標榜する会社もあるでしょう。
でも、その会社はお客様に自社のぶんも戦ってもらっているのです。
小売りのコンビニ・フランチャイズも典型的な味方ビジネスです。
加盟店にお金を投入してもらい、自社製品を販売してもらう。
戦うとは「時間・労力・お金を投入すること」でした。
日本全国の相手（ライバル）を味方に引き入れて天下を目指して共に戦う。

味方にするとは、相手の「時間・労力・お金」のいずれかを投入してもらうことです。

味方が多ければ多いほど、あなたは天下に近づきます。

孫子ならどうする？ 20

ライバルを味方にして勝つ方法を、考案する

第二章

なぜ、根拠もないのに勝てると思うのか？

05 孫子の考える、もろい人間とはどんな人か？

「もろさ」を持つ人の特徴

依存する者は、敗者となる。
これは『孫子』に貫かれた重要な法則の一つです。
依存とは難しい言葉かもしれません。
簡単に言えば「すべてが都合よくいった場合」を前提としていることです。

「戦争においては、敵の来襲がないことに期待をかけるのではなく、敵に来襲を断念させるような、わが備えを頼みとするのである。敵の攻撃がないことに期待をかけるのではなく、敵に攻撃の隙を与えないような、わが守りを頼みとするのである」

「敵の来襲がないことに期待をかける」のは、こちらの願望にすぎません。
相手が来襲しない、攻撃しないことに、自国の平和が依存しているのです。
これは都合のよい勝手な前提です。
相手に依存した平和は、崩れやすい。
依存することが多い計画ほど、崩れやすい。
依存することが多い人生ほど、崩れやすい。
この会社をクビになったら、食べていけない。
これでは現在の会社に依存していることになります。
会社をクビになっても、転職のスキルがあれば生きてゆけます。
「この一社に」自分の生活が依存しなくなるのです。
孫子の考える「もろい人間」は、次の特徴を持ちます。

○依存していることが多すぎて、勝利まで辿り着けない人
○勝算を高めず、希望的観測ばかりする人

少しでも予想外のことが起きればすぐ瓦解する。

孫子は依存のもろさを忌み嫌う、依存から脱出する5つの方法

［勝利できない、もろさを持つ人の特徴］

①依存していることが多すぎ、勝利まで辿り着けない

②勝算を高めず、希望的観測ばかりする

孫子第六編「虚実」より

敵の来襲がないことに期待をかけるのではなく、
敵に来襲を断念させるような、わが備えを
頼みとするのである。

依存を脱する5つの方法

1 万一の場合へ別案を準備しておく

2 前日までにリスクを限界まで解消しておく

3 目標を複数持ち、並行して追いかける

4 早く着手して、リスクを事前にあぶり出す

5 一つではなく、いくつもの強みを育てておく

依存が多いとは、そういう状態です。
『孫子』は、相争う戦国時代に生き残るための書です。
だからこそ「依存するもろさ」を徹底的に嫌いました。
孫子が目指す「不敗」「盤石さ」から、一番遠い存在だからです。

孫子ならどうする？ 21

依存するもろさを嫌い、徹底して避けよ

依存する弱さ、とはどんな状態か？

あなたが野外のイベントを計画していた場合。
当日の天気が運よく晴れならば、なんの問題もありません。
しかし雨が降れば、どうなるか？
雨天の対策がなければ、イベントは開催できず失敗です。

雨天時の予備会場や雨対策があれば、その心配はありません。
天気に依存せず、イベントを開くことができるからです。
これは「天気への依存」を脱却した状態です。
地震が来なければ、安全な家です。
そんな売り文句の家に、誰も安心して住めません。
住人の安全は「地震が来ない」という幸運（偶然）に依存しているからです。
依存からの脱却には「地震が来ても安全」な構造が必要です。
依存とは、もろさです。
依存している状態とは、もろい状態です。
自分に都合のよい前提に頼るからもろいのです。
偶然敵が攻めてこないから、国が平和である。
偶然晴れたから、イベントが開催できた。
ところが、人生運がよい時だけではありません。
想定外は、一番起きてほしくないときに起きる。
孫子は依存を嫌うからこそ「不敗」なのです。
雨が降ってもイベントが問題なく開催できる手配。

孫子なら「雨も趣があってよいものじゃ」と微笑んでいられます。
晴れに依存していたイベント会社は、膨大な損失に頭を抱えているでしょう。

孫子ならどうする？ 22

想定外が起きても、目的を達成できる手配をしておく

遠方への出張に、ぜったいに遅刻しない方法

電車や飛行機を乗り継ぐ遠方に、出張する場合。
朝5時には起床。始発の電車に乗り、飛行場まで定時に着く。
飛行機の遅延がなく、定刻に現地へ到着する。

すべてが想定通りの場合のみ、打ち合わせに間に合います。
当日にすべてを行う場合、いくつもの依存があるのです。

○朝5時に必ず起床できること
○始発の電車に必ず乗ること
○飛行機が天候などで遅延しないこと
○飛行場からの経路も渋滞しないこと

たった一つでも予定が狂ったら、重要な会議に遅刻する。
孫子ならこのようなスケジュールは、絶対に立てないでしょう。
前日には現地へ移動し、相手先から一番近いホテルに前泊する。
当日の移動は、徒歩で取引先まで歩く。たった500メートルです。
大雪が降ろうと、台風になろうと必ず約束の時間に到着できます。
前日に、移動のリスクのほとんどを解消しているからです。
重要な会議なら、天候や交通状況に依存しない手配をする。
大雪であれば、遅刻も仕方ないと相手企業は言うかもしれません。

口ではそう言いながら、あなたのリスク管理能力を大いに疑うはずです。

「敵より先に戦場におもむいて相手を迎え撃てば、余裕をもって戦うことができる。逆に、敵よりおくれて戦場に到着すれば、苦しい戦いをしいられる」

孫子ならどうする？ 23

リスクを前日までに解消して、当日の依存を避ける

依存を排除する5つの方法

依存とは、もろさです。

依存の排除は、もろさを盤石さに変えることです。

ビジネスシーンや日常で使える、依存排除の5つの方法を列挙します。

①万一の場合へ別案を準備しておく
雨が降った場合の会場を用意しておくことは、万一の別案です。
相手が○○の場合、という想定を複数しておくことで、対応策を練っておく。
事前の予測が外れても、目標を達成できるようにするのです。

②前日までにリスクを限界まで解消しておく
遠方への出張の事例では、前日に移動リスクを解消していました。
勝負の前に解消できるリスクは、限界まで消しておくこと。
恋人や家族の記念日に、美味しいレストランで食事をする場合。
当日より前に予約しておけば、残念な結果を未然に防ぐことになります。

③目標を複数持ち、並行して追いかける
単一の目標にすべてを賭けると、一つの成功に依存することになります。
難関試験に受かればバラ色の人生、という考え方は危険です。
受験勉強の期間にも、達成できる別の目標を複数持つこと。
単一の目標への依存は、落胆の多い人生につながるからです。

あのお店が満席だった場合、二番目の店を予定する、も同じ発想です。

④早く着手して、リスクを事前にあぶり出す

プロジェクトのリスク管理の基本は、早く着手することです。

なぜなら失敗と予想外を、早めに体験できるからです。

ぎりぎりの予定で動き出すと、失敗を許容することができません。

リスクを事前にあぶり出すことで、計画の依存を防げるのです。

⑤一つではなく、いくつもの強みを育てておく

ヒット商品が一つだけの会社は、やがて潰れます。

どれほどの人気商品でも、時代は移り変わるからです。

企業も人も、一つの強みに依存することは危険です。

複数の強みを育てておけば、次の変化を乗り越えられるのです。

孫子ならどうする？ 24

5つの方法で依存を排除し、孫子の不敗に近づく

信頼できるビジネスマンは、依存を避けて盤石を目指す

依存を排除する5つの方法には、特別な才能は必要ありません。特殊な技術も必要ありません。

ただ、依存に気づき排除するだけでよいのです。

依存が少なければ、多少の想定外でも目標をきちんと達成できます。

「あの人は信頼できる人」とは、このような手配をしている人なのでしょう。

雨の日は傘を持たずびしょ濡れで登場する。

柔軟な対応ができない。デートで必ず遅刻してくる。

とても小さなことですが、積み重なると信頼を失います。

孫武は一国の繁栄と滅亡を左右する戦争を指揮しました。

国が敗れるなら、何百万人もの命が残酷に失われるのです。
兵法書はもろさを絶対に許しません。
私たちが本気で仕事を大切にするならば。人生を大切にするならば。
愛する人を大切にするならば。家族を大切にするならば。
大切なものを支えるあなたは、盤石である必要があります。
依存が生み出すもろさを、あなたは許すことができないはずです。

孫子ならどうする？ 25

もろさを克服し、周囲に信頼される盤石な人間となる

06 希望的観測という無謀な賭け

能力が低い者ほど、自分を過大評価する

悲惨な事故は、たいていポジティブな予測から生まれます。
あの角からは誰も出てこないだろう。
この程度の疲れなら、休憩せずに走れるだろう。
この程度の雨ならスピードを出しても大丈夫。
少しのお酒なら自分は問題なく運転できるはずだ。
結果として大事故を引き起こし、命を失うか奪う側になってしまう。
悲劇が起こったあとでは、二度と平和な日々には戻れません。
予測には二つの方法があります。
一つは、事故が起こらないと考えて行動すること。

二つ目は、事故が起こるかもしれないと考えて行動すること。
起こらないと考えて行動すると、事故の確率はぐっと高くなります。
自分だけはうまくいく、という幻想が悲劇の引き金となるのです。

○あなたの運転技術は、平均レベル以上か？
○あなたは人の良いところ、悪いところを見分ける能力が平均以上にあるか？
○あなたの仕事上の成績は、会社全体で上位半分に入っているか？

このような質問に、80％から85％の人がＹＥＳと答えるのだそうです。
当たり前ですが、全員が平均以上になれるわけがありません。
たいていの人は、自分について非現実的なほどポジティブなのです。
成績の悪いグループほど、自分を過大評価するといわれています。
さらに、彼らは成績が悪いことを知っても改善の意欲がありません。
自分たちの欠点はさして大きな問題ではないと片づける傾向があるからです。
実力の低い人ほど、今の自分で問題がないと思い込んでいる。
これは兵法書『孫子』と真逆の発想です。

「戦争指導にすぐれた君主は、まず政治を革新し、法令を貫徹して、勝利する態勢を整えるのである」

勝つ能力を備えている者ほど、多くの準備が必要と考えているのです。
希望的観測をする人は、準備をおろそかにする危うい人だといえるでしょう。

孫子ならどうする？ 26

自己を過大評価せず、多くの準備を行う者が勝つ

多面的に比較検討すると、愚かな結論を避けられる

いかに客観的に正しい評価を下すか。
孫子はその点、興味深い発想をしています。

それは一点で相手と自分を比べずに、複数の点で比較することです。

孫武は「兵は国の大事（重大ごと）」と述べています。

戦争を始めるのに安易な希望的観測はありえません。

複数の重要な項目を、きちんと比較検討すべきなのです。

「七つの基本条件に照らし合わせて、彼我の優劣を比較検討し、戦争の見通しをつける。

君主は、どちらが立派な政治を行っているか

将帥は、どちらが有能であるか

天の時と地の利は、どちらに有利であるか

法令は、どちらが徹底しているか

軍隊は、どちらが精強であるか

兵卒は、どちらが訓練されているか

賞罰は、どちらが公正に行われているか」

○あなたの仕事上の成績は、会社全体で上位半分に入っているか？

この質問の答えを出す前に、7つの基本条件を考えてみましょう。
個人として過去1年間の売上成績は何位か
指導している部下全体の成績は、何位か
同僚より部署に勢いを与えているか
同僚より優れた上司の下にいるか
同僚より長期的な貢献を会社にできるか
同僚より顧客を増やしているか
同僚よりチームワークを発揮しているか

7つの条件の比較で、単なる感情論とは異なる判断ができます。
どこか一点こちらが勝っていても、戦争では負ける可能性があります。
7つの点すべてで勝っていれば、負けることはありえません。
孫子は戦争を一時の感情で始めることを強く戒めました。
重要項目を多面的に検討すると、冷静さと客観性を取り戻せるのです。
現状で負けていることすら、素直に認めることができるのです。

孫子ならどうする？ 27

一点や感情論ではなく、多面的に優劣を比較する

勝算を高めるための、優れた思考モデルを使う

比較検討では、これまでの感覚や思い込みに頼ると危険です。
トンネルビジョンとは視野が狭くなることを意味します。
根拠のない希望的観測は、トンネルビジョンから生まれやすいのです。
孫子が列挙する条件とは、ある種の優れた思考モデルです。
その内容を検討することで、勝算が高まるようにできているのです。

「戦争の勝敗は、次の要素によって決定される。
国土の広狭
資源の多寡

人口の多少
戦力の強弱
勝敗の帰趨

つまり、地形にもとづいて国土の広狭が決定される。国土の広狭にもとづいて資源の多寡が決定される。さらに、資源の多寡が人口の多少を決定し、人口の多少が戦力の強弱を決定する。そして、戦力の強弱が勝敗を決定するのである」

これは孫子の時代の「戦争に勝つ算段」の思考モデルです。

チェックリストが正しいほど、戦争の見通しが正確になります。

戦争の勝利には資源を増やし、人口を多くすることが重要とわかります。

当然、現代のビジネスマンにはこのリストはそのまま使えません。

仕事の勝算を確実に高めるチェックリストを作りましょう。

リストによって、優れた思考モデルを導入することができるのです。

孫子ならどうする？　28

単なる勘ではなく、チェックリストで勝算を高める

幸運を期待しない者が、もっとも確実な勝者

人は自らにうぬぼれる傾向があり、自分を特別だと思っています。ものごとを判断するとき、自分の浅い経験と思い込みに頼る。結果、希望的観測で勝負を行い、負けていく。

「戦いをはじめてからあわてて勝機をつかもうとする者は敗北に追いやられる」

幸運を期待する時点で、負ける側に立っているのです。
孫子は敵を知り、己を知ることを勝者の条件としました。
幸運を期待するのは、己の実力以上の成果を求めているからです。

孫子の描く勝者は、幸運を期待しません。
自己を過大評価せず、複数の点で勝算があれば勝てるからです。
心のどこかで幸運を期待するとき、戦う前から危険な状態なのです。

孫子ならどうする? 29

幸運がなくとも、勝てるような万全の準備を行う

孫武なら、ひとりの働きに過度の期待をかけない

あいつが頑張ってくれるのではないか。
チームや組織である場合、優れた誰かに期待することがあります。
しかし、孫武は過度に個人に期待するなと戒めます。
それは、勝つ条件をととのえていない証明でもあるからです。

「戦上手は、なによりもまず勢いに乗ることを重視し、一人ひとりの働きに過度の期待をかけない」

個人へ過度の期待をするのは、予測が甘いとも言えます。
誰かが頑張ってくれる程度で勝てると考えているからです。
孫武はチーム全体で勢いをつくり出すような対策をまず重視しています。
サッカーでエースストライカーが一人いれば勝てるでしょうか。
個人に過度の期待をするのはそのような監督と同じです。
チーム全体に勢いがなければ、エースも活躍できるはずがありません。

孫子ならどうする？ 30

個人に過度の期待をかけず、チーム全体で勝利する

07 怒りに身をまかせず、選択肢を増やす

怒りで身を滅ぼした孫武の元上司

孫武を呉の国にリクルートしたのは伍子胥という人物です。
彼は楚の人でしたが、家族を楚王に殺されて呉に逃亡していました。
呉の重臣となり楚と戦い、孫武の助けもあり大勝したのです。
その後、孫武は呉を離れますが伍子胥は重臣のままでした。
呉王の夫差は、勝利に慢心し、謙虚さを失い始めます。
そんな夫差を、優れた人物である伍子胥は諫め続けたのです。
「それではだめです！」と王に言い続けた伍子胥。
ついに、王の逆鱗に触れて伍子胥は死を賜ります。
自ら命を絶つことを命令されたのです。

敵国のスパイが伍子胥の悪い噂を王に伝えていたことも原因でした。
伍子胥を失った呉国は、無理な拡大政策で国が衰退します。
最後は、越との戦争に負け夫差も自ら命を絶ち呉は滅亡します。
伍子胥は優秀な人物でしたが、激情の人でした。
激しい怒りとともに、彼は正しいことをしようとしたのです。
たった一つ、彼には足りないところがありました。
王を説得する方法を、複数の形で試さなかったことです。

孫子ならどうする？ 31

激しい怒りで、一つの方法しか見えないことを防ぐ

怒りは、時がたてば喜びにも変わる

伝説では、孫武は勝利のあと呉から出国しています。

選択肢の多さとは、すなわち強さである

孫子第十二編「火攻」より

怒りは、時がたてば喜びにも変わるだろう。
だが、国は滅んでしまえばそれでおしまいであり、
人は死んでしまえば二度と生き返らないのだ

↓

怒りによってほかの選択肢が目に入らず、
国を滅ぼす王になってはいけない

戦争の仕方は次の原則による。
十倍の兵力なら、包囲する。
五倍の兵力なら、攻撃する。
二倍の兵力なら、分断する。
互角の兵力なら、勇戦する。
劣勢の兵力なら、退却する。
勝算がなければ、戦わない。

選択肢が少ないものほど、もろい

本来、状況に応じて多くの選択肢があるが、怒りで見えなくなり、無謀な戦いで負ける愚者。選択肢の多さは強さなのだ。

『孫子』の最大の効能の一つは、
あなたの選択肢を無限に広げてくれること
逃げることさえ、時には最高の選択である

伍子胥と呉王の悲劇の前に、姿を消していたのです。
孫武は、怒りについてどのように書いているでしょうか。

「王たる者、将たる者は怒りにまかせて軍事行動を起こしてはならぬ。状況が有利であれば行動し、不利とみたら中止すべきである。怒りは、時がたてば喜びにも変わるだろう。だが、国は滅んでしまえばそれでおしまいであり、人は死んでしまえば二度と生き返らないのだ」

怒りは人を短絡的にします。
激しい怒りの感情は、選択肢を見えなくさせてしまうのです。
たった一つの道しか見えず、他の可能性に目が向けられない。
中止すべきことを、あまりの怒りで強行してしまう。
感情的になっているので、他の手段を思いつくことができない。
孫子は、怒りは時間がたてば喜びに変わることもあるといいます。
しかし国は滅べばおしまいであり、人は死ねば生き返りません。
行うべきか、やめるべきかは状況が決めることです。

怒りにまかせて判断すれば、国が滅び命を失うことにつながるのです。

孫子ならどうする？ 32

怒りに呑まれず、あくまで状況で行動を決定する

選択肢の少ない人ほど、もろい

孫子は危機を前に、選択肢の広さにこだわりました。
状況に応じる、ということ自体、選択肢の多さだからです。
激しい怒りで頭から選択肢が消えてしまう人がいます。
しかし孫武は、怒りによる判断ではなく状況を重視します。

「戦争の仕方は、次の原則にもとづく。
十倍の兵力なら、包囲する

五倍の兵力なら、攻撃する
二倍の兵力なら、分断する
互角の兵力なら、勇戦する
劣勢の兵力なら、退却する
勝算がなければ、戦わない」

戦場を目の前にして「退却する」「戦わない」という選択さえありえる。
孫子は、私たちに選ぶことができる複数の道を示してくれます。
新規事業の検討会で、あえてやらないことを選択できるか。
長年赤字だが努力した事業から、撤退することを選べるか。
会議が熱気に包まれていれば、中止を訴えるには抵抗があります。
努力も資金も注ぎ込んだ赤字事業からは、なかなか撤退できません。
感情が、視野を極度に狭くすることを孫子は熟知していたでしょう。
彼の恩人は、怒りで周囲が見えなくなり、悲劇のうちに憤死したのですから。

孫子ならどうする？　33

重要な課題ほど、意識して選択肢を増やす

なぜ、激務の社長が長生きし、動物園の動物が短命なのか

選択肢を多く持つことは、人を健康にする作用があります。

『選択の科学』（文藝春秋）という書籍で紹介された事例です。

上級公務員と最も低い階層の公務員の、どちらが心臓病で死にやすいか。

ロンドン大学の調査では、なんと低い階層のほうが3倍高かったのです。

これは仕事において「自己決定権」が多いか少ないかの違いでした。

決定権が少ないほど、病気や精神疾患になる率が高かったのです。

船の事故で難破したり、山の事故で生死を分ける状況におかれたとき。

生き残りやすい人物は、自ら選択肢を発見する性格の人たちです。

選択肢がないと思い込むと、すぐ精神的に追い詰められてしまうのです。

規模の大小を問わず、社長という役職は激務の連続です。
しかしすべてを自分で決めることができるため、長生きしやすいのです。
怒りは選択肢を見えなくさせます。
その結果、自分の精神を追い込むことにつながります。
孫子は、極限の緊張状態である戦場の選択肢を広く提示しています。
感情に呑まれて、まわりが見えなくなるのを防ぐためです。
仕事でもプライベートでも、常に選択肢を増やす道を歩むべきです。
生活を変えなくとも、選択肢を一つでも多く見つける精神を持つべきです。
それが肉体的、精神的な健全さを保つことになるからです。

孫子ならどうする？ 34

肉体と精神の健康のため、選択肢を一つでも多く見つける

『孫子』の最大の効能の一つは、選択肢を無限に広げてくれること

もう○○しかない、と思い込む危険な状態。
それは依存や希望的観測と同様、極めてもろい姿です。
トラブルが起こり、もう○○しかない、と思うとき。
焦りや不安から、他の選択肢を探す余裕がゼロのとき。
追い込まれ、視野が狭まることは弱さの象徴なのです。
孫子は古代から現代まで2500年間、指導者に選択肢を与えてきました。
戦い方の幅を広げる、撤退する、そもそも戦わない。
戦争を前にしたリーダーにも、無限の選択肢があることを教えてきたのです。

「音階の基本は、宮、商、角、徴《ち》、羽の五つにすぎないが、その組み合わせの変化は無限である。色彩の基本は、青、赤、黄、白、黒の五つにすぎないが、組み合わせの変化は無限である。味の基本は、辛、酸、鹹《かん》、甘、苦の五つにすぎないが、その組み合わせの変化は無限である。それと同じように、戦争の形態も『奇』と『正』の二つから成り立っているが、その変化は無限である。『正』は『奇』を生じ、『奇』はまた

『正』に転じ、円環さながらに連なってつきない。したがって、誰もそれを知りつくすことができないのである」

国の盛衰がかかった戦いでは、誰もが極度の緊張と不安に襲われます。不安で押しつぶされそうなときこそ、『孫子』は読まれてきたのです。

正面から戦うだけではなく、他の道も無限にある。『孫子』は過去の戦史から多くの選択肢を見つけています。

自分で見つけなくとも、視線を変えれば選択肢は溢れているのです。

伍子胥の元親友だった申包胥《しんほうしょ》という人物は、親族を殺された楚国に恨みを持つ伍子胥が「必ず楚を倒してみせる」と語ったとき、まあがんばってみたまえ、君が倒したら、私が立て直してみせるからと言いました。

彼は伍子胥が呉の軍勢と共に楚を破ったとき、戦火から逃れて秦の哀公に助けを求めました。最初、依頼を断った哀公ですが、彼が七日七晩飲まず食わずで嘆願のため泣き続けた姿に心を打たれて楚を救います。

申包胥は、自分がたった一人の兵士も剣も持っていないのに、祖国救援に成功したのです。

あなた自身が、何一つ手に持たないときでも、一国を救う選択肢さえあるのです。
これは、危機において視野を狭めない威力だといえます。
個人でも経営者でも、大きなプレッシャーと戦うときがあります。
『孫子』は無限の選択肢を見せて、私たちに冷静さを取り戻させてくれるのです。

孫子ならどうする？ 35

危機のときこそ、選択肢は無限にあると知る

第三章

なぜ「戦わずに勝つ」方法をとれないのか？

08 壁を打ち破る間接的アプローチとは

間接的アプローチを使えなければ、あなたは孫子を理解していない

2500年前に書かれた兵法書で、現在まで研究が続いている孫子。
なぜ、これほどの長期間、『孫子』の名声は衰えなかったのでしょうか。
最大の理由は、戦争に勝つ真理「間接的アプローチ」が書かれていることです。

「戦争は、しょせん、だまし合いである。たとえば、できるのにできないふりをし、必要なのに不必要と見せかける。遠ざかると見せかけて近づき、近づくと見せかけて遠ざかる。有利と思わせて誘い出し、混乱させて突き崩す」

「充実している敵には退いて備えを固め、強力な敵に対しては戦いを避ける。わざと

挑発して消耗させ、低姿勢に出て油断を誘う。休養十分な敵は奔走に疲れさせ、団結している敵は離間をはかる。敵の手薄につけこみ、敵の意表を突く」

孫子の第一編である「始計」にあるこれらの言葉は、3つのことを意味します。

○自分の意図を相手に悟られることは不利である
○充実した敵の備えに真正面からぶつかるな
○敵を驚かせる要素を強みにすること

1916年、第一次世界大戦で最大の激戦がフランス北部で展開されました。ソンムの戦いは、4カ月間で両軍で100万人以上の死者を出す悲惨な戦場でした。頑丈なドイツの塹壕陣に、イギリス軍とフランス軍の歩兵が正面突撃をしたからです。

機関銃が登場した戦場で、歩兵の正面突撃は自殺行為に近い作戦でした。たった一日で、イギリス軍の兵は約2万人近く死亡、壊滅的な損害を受けます。最終的にイギリス・フランスの連合軍は60万人の死者を出しました。

その代償は、たった11キロの進軍だったのです。

努力が大きく、損害も巨大なのに成果はほとんどない戦い。
努力が小さくとも、大きな成果を手に入れる戦い。

ソンムの戦いは典型的な前者だったのです。
もし孫武が指揮官だったら、死者数はどうなったでしょうか。
敵が驚かない戦い方では、あなたの被害が増えるばかりです。
敵（新しく始めること）は、当たり前の方法で攻めてはいけません。
仕事、恋愛、勉学、結婚、転職、起業など。
当たり前の戦い方では、苦労が多くて成果は少ないのです。

「五倍の兵力なら、攻撃する」

普通の人の、5倍以上の才能や能力があれば、正面攻撃でも勝てるのです。
豊臣秀吉は、合戦で必ず敵の5倍の兵力を準備したと言われています。

それ以下の場合、孫子は真正面から戦うことを否定しています。
敵の意表を突くことで、戦いを有利に進めるためです。

孫子ならどうする？ 36

成果を最大化するため、敵が驚く戦い方をしよう

500ドルで、ハリウッドの映画監督になれるか？

世界中の映画界から羨望のまなざしを集める米ハリウッド。
数多くの傑作映画が生まれ、大スターが闊歩する街です。
世界中から夢を追う人が集まり、多くが夢破れていく街でもあります。
ところが500ドルで、ハリウッドの大作映画の監督になった人がいます。
ハリウッドから3000万ドルを出資するオファーを受けたのです。

アルバレス氏はある日、自作の短編映画を動画サイトYouTubeにアップしました。

そのSF短編映画が話題を呼び、視聴者が殺到。

「Panic Attack!」というタイトルの動画の制作費用はなんと500ドル。

彼の成功理由は、正面玄関からドアを開けようとしなかったことです。

ハリウッドの扉を一番下から叩けば、監督になる前に寿命を迎えたでしょう。

思いもかけない場所でみんなを驚かせたことが、大成功につながったのです。

孫子ならどうする? 37

相手が意図しない驚きは、高い評価につながる

同じ結果を、違う方法で達成できないか?

英国王室ご用達の紅茶ブランド、トワイニングは、日本に紹介された当時、全国に

販売網を作ることを目標としていました。ところが、輸入代理店である片岡物産は、各地の販売店に営業せず、高島屋のギフトコーナーに最大の力を注いだのです。

高島屋で評判になると、他の有名百貨店からも出品の依頼が殺到しました。

有名百貨店のあいだで高い人気を誇るようになったのです。

「敵に作戦行動を起こさせるためには、そうすれば有利だと思いこませなければならない。逆に、敵に作戦行動を思いとどまらせるためには、そうすれば不利だと思いこませることだ」

知名度のないときに、むやみに売り込めばこちらから依頼しなければいけません。ところがしかるべき場所で評価を得れば、逆転現象が起こります。相手から依頼してもらえる立場になれるのです。

敵（相手）に行動を起こさせるには、そうすれば有利だと思い込ませる。

売り込みの激しい窓口に、何の対策もなく飛び込んでいたら。

取引の条件を、大きく譲歩する必要があったかもしれません。

彼らは充実した敵の備えに、真正面からぶつからずに勝利したのです。

孫子ならどうする？ 38

相手が依頼したくなる、魅力をこちらでつくり上げる

豊臣秀吉が、家康に使った「間接的アプローチ」とは

豊臣秀吉といえば、日本の戦国時代を統一した天下人として有名です。ところが一度だけ、徳川家康と合戦をしたことはあまり知られていません。

1584年、現在の愛知県で行われた小牧・長久手の戦いです。2年前に本能寺で信長が明智光秀に倒されてから、両者は睨み合いが続いていました。

このとき、信長の長男、信雄が家康と共に秀吉の軍勢に立ち向かったのです。緒戦では徳川勢が優勢で、長久手の戦いでも大勝利を収めています。

しかし、形勢不利とみた秀吉は外交工作で徳川陣営を切り崩します。家康から遠い大名を切り崩し、秀吉側につけたのです。秀吉の巧みな外交工作で、家康は抗戦を断念。秀吉の天下を受け入れたのです。

「最高の戦い方は、事前に敵の意図を見破ってこれを封じることである。これに次ぐのは、敵の同盟関係を分断して孤立させること。第三が戦火を交えること。そして最低の策は、城攻めに訴えることである。城攻めというのは、やむなく用いる最後の手段にすぎない」

城攻めでは、相手はあなたを最大限警戒し、ガチガチに守りを固めて迎えます。これではソンムの戦いと同じで、犠牲が多く成果は少ないのです。

一方の秀吉は、同盟関係を全国へ拡大し、戦わずに家康を下しました。秀吉との講和後、家康と一緒に戦った他の武将も秀吉に従うことになったのです。秀吉は、家康の戦闘能力を恐れながらも、正面攻撃をせずに勝ったのです。

孫子ならどうする？ 39

同盟（提携）で包囲して、戦わずに相手を屈服させる

目の前の壁がどれほど厚くとも、孫子は勝利を手にする

「間接的アプローチ」という言葉は、孫子がつけた呼称ではありません。
20世紀の戦略思想家、リデル・ハートが生み出した概念です。
ハートは第一次世界大戦で、最大の激戦地ソンムにいました。
激しい戦闘で指揮する部隊は壊滅、彼も負傷して本国に送還されます。
ドイツ軍の強固な陣地と機関銃の前に、イギリス兵はばたばたと死んだのです。
悲惨な戦場を目撃したハートは、「間接的アプローチ」を研究します。
ハートの発見は、２５００年前にすでに孫子が述べていた理論と同じです。

強い敵とは、真正面から戦わず、相手が備えていない場所から勝利を掴む。
「将を射んと欲するなら、まず馬を射よ」という言葉もあります。
強い敵を避け、まわり道をすることが、逆に勝利を確実にするのです。

充実した敵、あなたを待ち構えて準備万端な敵に、直接向かわないこと。
秀吉は、緒戦で自軍に勝った家康と三河武士の強さを恐れました。
しかしその強さは「迂直の計」で封じることができたのです。
全国で秀吉は同盟関係を拡大し、家康は直接の合戦をついにあきらめたのです。

孫子ならどうする？ 40

目の前の壁が高く厚くとも、別の場所から勝利を掴む

間接的アプローチ戦略は、孫子の真髄である

孫子第一編「始計」より

充実している敵には退いて備えを固め、
強力な敵に対しては戦いを避ける。
わざと挑発して消耗させ、
低姿勢に出て油断を誘う

↓

イギリスの戦史研究家リデル・ハートと孫子に共通する要素
間接的アプローチ戦略

1. 敵を驚かせる要素を強みにすること
2. 充実した敵の備えに正面からぶつかるな
3. 自分の意図を相手に悟られることは不利

同じ結果を、違う方法で達成できないか?
孫子なら別の場所から勝利を摑む
目の前の壁を、勝負に無関係にすればよい

09 はじめは処女のごとく、終わりは脱兎のごとく

別に、処女の演技を推奨しているわけではない

有名な一文「はじめは処女のごとく、終わりは脱兎のごとく」。

これはもちろん、処女の演技を薦めているわけではありません。

こちらから「相手を変える」重要さを指摘しているのです。

相手を油断させる、相手の警戒をなくさせること。

「要するに、最初は処女のように振る舞って敵の油断をさそうことだ。そこを脱兎のごとき勢いで攻めたてれば、敵はどう頑張ったところで防ぎきることはできない」

あなたは脱兎のようにスピードがあるかもしれません。

しかし相手が警戒して、防備を固めていれば威力は半減します。
できる営業マンは、お客様の話をさえぎらないと言われます。
まず、相手の立場をとことん知ることから始めるからです。
この人は、単なる売り込みが目当てだと思えば誰もが警戒します。
この人は、自分のことしか考えていないと思えば誰もが警戒します。
この人は、自分の偉さを証明したいのだと思えば誰もが不信を感じます。
相手が心を開く前に、自分の武器を振り回そうとしないことです。

これは単なる戦争だけの教訓ではありません。
部下を叱るときにさえ適用できます。
新人が、上司であるこちらに心を開かないうちは、厳しい言葉は伝わりません。
相手が「上司の都合を押し付けられているだけ」と反発するからです。
まず相手に「自分のことを本当に考えてくれている」と感じさせること。
優れたカウンセラーも、結論がわかっていてもすぐには話しません。
相手が自分のことをぜんぶ話して、素直になれる瞬間を待っているからです。
「この人は、私の話を聞いてくれる人だ」

「この人は、私を否定しない信頼できる人だ」
このような印象を抱いてもらうことが、アドバイスを浸透させるのです。

孫子ならどうする？ 41

相手が心を開くと、あなたの言葉は何倍も浸透する

警戒させない、警戒していないところを攻める

目の前で誰かを褒めると、誰でも素直に受け止めることができません。
利害関係があるときや、職場の上司であれば特にそうです。
下心や意図があるから、褒めていると疑われるからです。
そんなときは、第三者からあなたの言葉が伝わるようにすべきです。

誰か、中間にいる別の人にその褒め言葉を伝えておくのです。
あなたではない別の人から、あなたが褒めた言葉が伝わるようにするのです。
間接的なほど、相手の心に響きやすいときがあります。
これはリデル・ハートと孫子の「間接的アプローチ」に共通します。

言葉が伝わらないときも、孫子の戦略は応用できます。
何かを償うとき、言葉で伝えても「また同じだ」「何も変わらない」と思われたら。
相手は過去と同じ結果（裏切られること）を強く警戒しているのです。
謝罪や感謝の気持ちを伝えるとき、これまでと違う形を選んでみるのです。
贈り物をしたことがなければ、特別な贈り物をする。
旅行に行ったことがなければ、旅行に連れていく。
「また同じか」と警戒されている方法では、あなたの誠意は伝わりません。
その方法自体に、相手が心を開いていないからです。
相手の心を開くために、伝える方法をまず変えてみる。
真心や謝罪の気持ちは同じでも、伝え方で成果は大きく異なるのです。

孫子ならどうする？　42

伝え方を変えると、あなたの気持ちは何倍も伝わる

若きビル・ゲイツが、相手を油断させた方法

2006年まで13年連続、世界長者番付で1位だった人物がいます。
マイクロソフトの創業者、ビル・ゲイツその人です。
現在では元会長として、技術アドバイザーをしています。
彼がまだ若く、起業後にソフトウェアを開発していた時期。
顧客に約束した納期が守れないことが、何度もありました。
しびれを切らした顧客が、ゲイツの事務所までおしかけてきたのです。
そのとき出てきたゲイツは、なんと髪がボサボサによれよれの汚いシャツ姿。

プログラムのため、会社の床で寝ていた彼の姿に、度肝を抜かれた顧客の幹部を前に、ゲイツはこのソフトが将来もたらすメリットを滔々と述べたのです。

仕事でボロボロの若者の姿に衝撃を受けた相手は、ゲイツの話にすっかり呑まれます。

将来の儲けを頭にイメージして、いい気分で事務所から帰っていったのです。

「作戦行動の要諦は、わざと敵のねらいにはまったふりをしながら、機をとらえて兵力を集中し、敵の一点に向けることである。そうすれば、千里の遠方に軍を送っても、敵の将軍を虜にすることができる」

ゲイツは顧客の視点を「現在の問題」から「未来の機会」に変えています。

追及しようとこぶしを固めてきた相手に、弁解や取り繕いは効きません。

意表を突いた上で、相手が最も喜び、関心がある話題に一点集中したのです。

孫子ならどうする？43

現在の損失を、将来の機会に置き換えて話す

相手に準備する時間も、心の余裕も与えない速さ

相手の心の防波堤を開かせてから、本論に入っていく。
相手に共感を示してから、こちらのアドバイスを話し始める。
これまでと違う行動で相手の信頼を得てから、心を伝えていく。
「脱兎のごとく」の部分は同じでも、相手の心で結果は大きく違います。
仕事ができる有能な人は、感情の摩擦からくる損を避けているのです。

「千里も行軍して疲労しないのは、敵のいないところを進むからである。攻撃して必ず成功するのは、敵の守っていないところを攻めるからである。守備に回って必ず守り抜くのは、敵の攻めてこないところを守っているからである」

リーダーが組織の共感を得ていれば、打つ手はスムーズに実行されるものです。しかし会社の改革のため新CEOとなった人物には、時間がないときがあります。共感を得るだけの猶予が、企業にもはや残されていないときです。その場合は、スタッフが反発を始める時間を与えないスピードで動くことです。

「兵は拙速を聞く」も孫子の有名な言葉です。時間をかけるデメリットを避け、抵抗が盛り上がる前に改革を断行させる。相手の抵抗が少ないほど、効果が高まる点では共通しています。

孫子ならどうする？ 44

相手の意表を突く速さも、成果をあげる武器となる

10 リデル・ハートと孫子、二人の戦略論の威力

第二次世界大戦の趨勢を決めたノルマンディー

フランス北西部、海岸線のノルマンディーで1944年に戦闘が行われました。史上名高い、ノルマンディー上陸作戦です。

英米の連合軍が、ナチスドイツのヨーロッパ占領地への反撃を開始した作戦です。200万人近い兵員がこの戦闘に参加しました。

この作戦は巧みな「間接的アプローチ」によって連合軍側が大成功を収めました。

「こちらが、かりに一つに集中し、敵が十に分散したとする。それなら、十の力で一の力を相手にすることになる。つまり、味方は多勢で敵は無勢。多勢で無勢を相手にすれば、戦う相手が少なくてすむ」

「したがって、敵の態勢に余裕があれば、手段を用いて奔命に疲れさせる。敵の食糧が十分であれば、糧道を断って飢えさせる。敵の備えが万全であれば、計略を用いてかき乱す」

海岸線を防衛するドイツ軍は3カ所の上陸地点を予測していました。
カレー、ノルマンディー、ブルターニュの3つの地域です。
一方で、米・英が中心の連合軍はカレーに上陸する偽情報を流しました。
これにより、ドイツ軍は最後まで相手の上陸地点が絞り込めなかったのです。
ドイツ軍は、防衛部隊を広範囲に分散させざるをえなくなったのです。
連合軍は、最後までどちらに上陸するかわからないルートで進軍。
ドイツの名将ロンメルは、ノルマンディーの予想をしていたと言われています。
海岸線の陣地を必死で構築した彼ですが、6月上旬の天候で上陸はないと判断。
妻の誕生日とヒトラーへの進言をかねて本国ドイツに戻っていました。
狙いを絞らせない連合軍は、名将ロンメルがいないノルマンディーに上陸します。
この作戦の成功は、ナチスの全面敗北への道を切り拓いたのです。

孫子ならどうする? 45

敵を分散させるほど、攻撃側は優位に立てる

攻撃が有利なとき、防御が有利なときの違い

第一次世界大戦のソンムの戦いと、第二次世界大戦のノルマンディー。
二つを比較すると、次のようなことがわかります。

○相手の意図がわかっているとき、守る側が有利
○意図がわからないとき、攻める側が有利になる

ソンムの戦いでは、連合軍がドイツ軍の陣地に真正面から攻勢をかけていました。
ノルマンディー作戦では、どの地域に上陸するか、最後まで相手を攪乱しています。
敵を分散させてこちらが集中する方法は、孫子の言葉とまったく同じです。

「戦上手は、守りについたときには、兵力を隠蔽して敵につけこむ隙を与えないし、攻めにまわったときはすかさず攻めたてて、敵に守りの余裕を与えない。かくて、自軍は無傷のまま完全な勝利を収めるのである」

「攻撃の巧みな者にかかると、敵はどこを守ってよいかわからなくなる。また、守備の巧みな者にかかると、敵はどこを攻めてよいかわからなくなる」

1979年、ヤマハ発動機は「オートバイ業界の盟主の座を狙う」と宣言しました。業界1位のホンダに挑戦する、YH戦争と呼ばれた競争の勃発です。ヤマハは年間販売台数95万台を掲げて、実際に猛追をしました。ところが3年後の1982年には、ホンダは矢継ぎ早に新製品を発売。販売競争の激化で、値引き合戦の泥沼を生み出しました。ともに大幅な在庫と、経常利益の悪化に苦しみヤマハ側がついに謝罪。不毛な業界競争を行わないことを2社で確認したのです。相手を名指しして勝つことを宣言する時点で、相手の警戒を誘います。

攻撃が有利なとき、防御が有利なときを、判断する方法とは？

孫子第六編「虚実」より

攻撃の巧みな者にかかると、
敵はどこを守ってよいかわからなくなる。
守備の巧みな者にかかると、
敵はどこを攻めてよいかわからなくなる

［攻撃と防御の基本原則］

① 相手の意図がわかっているとき、守る側が有利

② 意図がわからないとき、攻める側が有利

孫子の攻撃原則に合致した3つの事例

勝利の定義を変えた
米国のウォルマート。相手に意図を悟られない優位性

驚くほどの速さ
相手に備える時間を与えないほどの速さを発揮

違う目標で同じ結果を得る
有名百貨店で評判になり全国展開に勝利

ヤマハの挑戦は、ソンムの戦いの悲劇を連想させます。
意図を100%表明して戦うのですから、防衛するホンダにチャンスがありました。
孫子とリデル・ハートの指摘は、ビジネス界でも同様だったのです。

孫子ならどうする？ 46

意図を隠して攻め、意図を見抜いて守ること

リデル・ハートと間接的アプローチの8カ条

イギリス人のリデル・ハートは20世紀を象徴する軍事思想家と呼ばれました。
彼の著作『戦略論—間接的アプローチ』（原書房）にある8カ条を抜粋しておきます。

［積極面6カ条］

目的を手段に適合させよ

自分ができない手段から目的を設定しても意味がありません。あくまでできることから目的を誠実に設定することが大切です。

常に目的を銘記せよ

何らかの計画を立てるとき、その計画を達成することで、目的にどんな貢献があるかを常に明確にすること。無駄な達成を避けるための対策です。

最小予期路線を選べ

相手の立場から、一番予測していないコースを選んで進軍すること。

最小抵抗線に乗ぜよ

こちらの目的に一致する中で、最も相手の抵抗が少ないコースを選ぶこと。

予備目標への切り替えを許す作戦をとれ

最後まで複数の目標を設定し、どちらかを攻撃する作戦を立てること。相手が対策を立てても、第2目標があることで作戦が無駄になる確率を減らせる。

計画および配備が状況に適合するよう、それらの柔軟性を確保せよ

最初の作戦が成功または失敗した場合、その状況に応じた柔軟な作戦を次に展開すること。成功はさらに大きな成功につなげ、失敗は最小限に抑えること。

［消極面2カ条］

相手が油断していないうちは、相手がわが攻撃を撃退しまたは回避できる態勢にあるうちは、わが兵力を攻撃に投入するな

相手に隙ができたとき、あるいは回避できない状況に追い込んだときだけ、本格的な攻撃を行うべき。構えている敵へ真正面から攻撃することは、非効率である。

いったん失敗した後、それと同一の線（または同一の形式）に沿う攻撃を再開するな

単なる兵員の増加で、一度失敗した作戦と同じ流れの作戦をとることは危険である。こちらが増員するあいだに、相手の防御も強化されているからだ。次はもっと努力を

するから、同じ方法でものごとに挑戦するなども、この例に該当する。

紀元前500年前後に活躍した孫子。1970年まで生きたリデル・ハート。
二人の時代には2500年近くの時間差があります。
しかし孫子のあとの歴史も調べたリデル・ハートの結論は孫子とほぼ同じです。
間接的アプローチをとることで、最小限の被害で勝利できる。
強固な壁は、迂回して突破すること。
相手の意表を突いて戦うこと。
時代を超えた二人の戦略家の英知を、私たちは人生に活かすべきなのです。

孫子ならどうする？ 47

越えられない壁に勝つ、間接的アプローチを使う

孫武の勝利に見る、みごとな間接的アプローチ

紀元前506年、孫武の率いる呉は強国の楚と戦います。楚軍は柏挙という地で強固な陣地を作り、呉の軍勢を待ち構えます。ところが孫武は、強力な陣地を迂回して楚の首都を目指したのです。あわてたのは楚軍です。急遽、陣地から飛び出して呉軍のあとを追ったのです。大混乱で急いだため、楚軍は戦場に着いたときには疲労困憊でした。待ち構えていた3万人の呉軍は、20万人の楚軍を大いに打ち破ったのです。

「敵が万全の態勢をととのえて攻め寄せてきたら、どうするか、その場合は、機先を制して、敵のもっとも重視している所を奪取することだ。そうすれば、思いのままに振り回すことができる。作戦の要諦は、なによりもまず迅速を旨とする。敵の隙に乗じ、思いもよらぬ道を通り、意表をついて攻めることだ」

間接的アプローチの元祖とでも呼ぶべき孫武の、完璧なる勝利でした。

最初は、準備万端で待ち構えていたはずの楚軍。
孫武の計略により、いつの間にか立場が逆転させられていたのです。

孫子ならどうする？ 48

相手の得意な戦場を避け、こちらの戦場に引き寄せる

11 永遠の戦略論、孫子の前に崩せない壁はない

攻撃の意図を相手に知られない理由とは?

攻撃のときは、相手にこちらの意図を悟らせない。
守備のときは、相手の狙いを見抜いて有利に防衛する。
孫子は、戦いの基本をこのように定義していました。

「敵と対峙するときは、『正』すなわち正規の作戦を採用し、敵を破るときは、『奇』すなわち奇襲作戦を採用する。これが一般的な戦い方である」

守るときは、相手に奇襲をさせないことです。
攻めるときは、常に相手への奇襲になるようにするのです。

しかし、現代のビジネスシーンで、このようなことが可能なのでしょうか。

世界最大のスーパーマーケットチェーンである米ウォルマート。

１９６９年にサム・ウォルトンが創業した会社です。

同業界では後発企業であるにもかかわらず、同社は世界1位の座を手にしました。

一歩早く規模の拡大に成功していたKマートは、２００２年に破産を宣告。

なぜ、このような逆転劇が可能になったのか。


最大の理由は、ウォルマートの出店形態にありました。

スーパーマーケットの出店には10万人以上の人口が必要とされていました。

ところが、ウォルマートは1万人規模の都市に、小型店を出したのです。

業界の常識を完全に無視した出店でした。

彼らには別の勝算があったからです。

小型店をネットワーク化して、１５０店舗で１００万人の人口をカバーする。

書籍『良い戦略・悪い戦略』（日本経済新聞出版社）では、次のように指摘しています。

「ウォルトンは常識を破ったのではなく、店舗の定義を覆したのだ」と。

ウォルマートは新しい成功の定義を見つけていたのです。

彼らがなぜ成功しているか、ライバル企業は見抜けませんでした。

だからこそ、出店システムの変更から10年以上優位が続いたのです。

意図のわからない攻撃には、対抗することができないからです。


「こちらからは、敵の動きは手にとるようにわかるが、敵はこちらの動きを察知できない。これなら、味方の力は集中し、敵の力を分散させることができる」


ウォルマートの成功に似た動きをしている日本企業があります。

コンビニ最大手のセブン‐イレブンです。

惣菜の製造工場を、大型のものではなく小型で分散配置しています。

食品の製造を工場で集約するセントラルキッチンに代表されるように、大型工場は低コストです。

しかし、小型工場を地域分散して配置すると、配達時間が短縮できます。

すると、他のチェーンに比較して圧倒的に鮮度が高くできるのです。

セブン‐イレブンは、製造工場の定義を変化させています。

低コストではなく、高い鮮度の実現を目標にしたのです。

こちらの意図が見抜けない企業は、真似をすることができないのです。

孫子ならどうする? 49

成功の定義を更新すると、敵は意図を見抜けない

勝利の定義を変えてしまう

セブン-イレブンは、低コストではなく「鮮度の高さ」を狙いました。それが勝利への道だと考えたのです。

勝利の定義は、消費者への新たな利便性の追求から生まれています。競合他社は、隠された意図に気づかない限り、対抗できません。

勝利の定義を変えることは、さまざまな場面で可能です。就職活動のとき、人気ランキングから企業を選ぶ。

当然ながら、誰もが目指す入り口にはライバルが殺到します。
成績優秀でなんでもできる学生と、競わなければなりません。
ところが、自分なりに勝利の定義を変えてしまうとどうなるか。
若くして海外経験が積める。
地味だが事業基盤が非常に強固である。
海外の売上高比率が、近年とても伸びている。
就活雑誌に載っていない、あなた独自の勝利を定義するのです。
あなたが目指す企業が、他の学生には目に入らないのなら。
荒野を独り進むように進軍し、簡単に勝利が手に入るでしょう。

幸せな結婚も、定義が分かれるところです。
収入の多い相手が良いのか。
性格が良い相手がいいのか。
「なんでそんな男がいいの？」
他の女性が驚くような男性に目をつける女性がいます。
目立たないけれど、隠れた魅力がその男性にあるのなら。

競争相手がいない環境で、簡単に勝利を手にできます。
幸せに辿り着くことが目標なのですから。
勝利の定義を効果的に変えると、目の前の壁がすっと消えることになるのです。

孫子ならどうする？ 50

勝利の定義を変えると、目の前の壁がすっと消える

それは、本当に相手が欲しいものか？

他社と同じものを提供することも、激しい競争にさらされる理由です。
恐らく、人が欲しいものは○○だろうと考えているからです。
ところが、実際にはまったく違うものを欲していることがあります。
それを見抜いたとき、競争をせずに勝利することが可能になるのです。

ある欧州メーカーの小型バイクが、インドの地方都市で人気でした。
しかし人気があるのは、この地方だけ。
不思議に思ったメーカーは、若手社員を現地に派遣して調査を命じます。
派遣された社員が見たのは、驚くべき光景でした。
その地方都市の村人は、小型バイクに乗っていなかったのです。
エンジンを外して、井戸から水をくみ上げるポンプにしていたのです。
取り外しやすく小型、という理由でこのバイクが売れていたのです。

「戦うべき場所、戦うべき日時を予測できるならば、たとえ千里も先に遠征したとしても、戦いの主導権を握ることができる」

本当に欲しいものを知ったこのメーカーはどうしたか？
井戸用の小型ポンプを開発し、大規模に販売したのです。
表面から一歩先に踏み込んで、本当に欲しいものを売ったのです。
これで成功しないはずがありません。

人間関係、特に恋愛では相手の言葉が本心とは限りません。
人は本当に欲しいものに、気づいていないこともあります。
相手が現在購入しているものではなく、本当に欲しいものを見抜くこと。
この商品を通じて、本当に相手が欲しがっているものは何か。
安心なのか、癒しなのか、安全なのか、優越感なのか。
源流にさかのぼることで、本当に欲しいものが見えてくるのです。
あなただけが、相手の本当に欲しいものを提供できるなら。
あなたの印象は、大きく変わらざるをえないのです。

孫子ならどうする？ 51

商品を買う人の、本当に欲しいものは何かを考える

違う目標を追いかけて、同じ結果（勝利）を得る

壁に直接戦いを挑んでは、勝算は限りなく低いのです。
１９６０年代、日本の自動車がアメリカに進出を始めたころ。
日米の技術には、まだまだ大きな差がありました。
日本の小型で非力な自動車は、ハイウェーを長時間走れなかったのです。
大型、大馬力、高速走行の能力。
すべて米国の自動車のほうが圧倒的に優れていました。
しかし日本車は、小型で小回りがきき、軽快で低燃費でした。
まったく別の魅力を訴えたのです。
結果として、小型低燃費の日本車は米国中で普及するようになります。

「作戦行動にさいしては、疾風のように行動するかと思えば、林のように静まりかえる。燃えさかる火のように襲撃するかと思えば、山のごとく微動だにしない。暗闇に身をひそめたかと思えば、万雷のようにとどろきわたる」

こちらが攻めるときには相手に防ぐ時間を与えない。
敵にこちらの意図を読ませず、攻める隙を与えない。
こちらの攻撃は、相手の不意を衝く奇襲となる。
「風林火山」の意味するところは、孫子の攻守の原則です。

1991年、第一次湾岸戦争である作戦が行われました。
イラク軍がクウェートに侵攻し、多国籍軍が出動した戦争です。
米軍は地上戦で「左フック」戦略を立案します。
防衛が強固な正面陣地に突入するふりをして、左側から別軍で奇襲したのです。
この奇襲戦闘は大成功を収め、地上戦はわずか100時間で終了。
孫子、リデル・ハートの戦略思想は現代でも通用する。
歴史がまたしても、それを証明した戦闘となりました。
目の前にそびえる壁は、攻略法しだいで壁ではなくなる。
まったく別の道を目指し、相手に警戒を抱かせない。
しかし達成する成果、手に入れる勝利は同じであること。

勝負を前に、視野が狭まれば、壁と戦うことに固執しがちです。
肩の力を抜き、間接的アプローチで勝てないか考えてみる。
孫子は、最前線の緊張の中で、リーダーの視野を大きく広げる書物なのです。

孫子ならどうする? 52

同じ勝利が手に入る、迂回路はないかと考えてみる

第四章 なぜ、勝てるタイミングを逃してしまうのか？

12 孫子の「時間術」、時間に価値があるときを見抜く

時間の価値の変化に備える勝者、無関心な敗者

世の中には時間術の本が溢れています。

ほとんどが「時間を有効活用するにはどうするか」を議論しています。

しかし孫子はそのような形で時間を捉えていません。

孫子は戦争に勝つために書かれた書物です。

そのため「時間活用」の基本概念が違います。

孫子の時間術は、自分の外にある「機会」を活かすための術なのです。

この時間に対する捉え方は、劇的な違いがあります。

「戦争は勝たなければならない。したがって、長期戦を避けて早期に終結させなければ

愚者は人生を時給で考え、
賢者は機会のレバレッジで考える

時間について、敗北者はおどろくほど無知である。
戦場の時間帯に鈍感な者は、
常に勝利と幸せを誰かに奪われる

勝者の時間術
最大限
「機会」
を活かす

敗者の時間術
最大限
「時間」
を活かす

時間の価値は常に同じではない。絶好の機会が目の前にあるとき、
孫子は機会に殺到し、愚者は無駄にこれまでと同じペースを保つ

孫子第四編「軍形」より

勝機を見出したときは、
すかさず攻勢に転じなければならない

戦場の3つの時間帯で、行動に大きなメリハリをつけること

① 主導権がまだ定まっていないとき
② 実際の戦闘
③ 戦闘の結果、大勢が決定したとき

勝者は最初の時間帯①にすべてを集中し、あらゆる努力をその一瞬に注ぎ込む。
時給で人生を考える者は、賢いようで人生全体を棒に振っている可能性がある

ばならない。この道理をわきまえた将軍であってこそ、国民の生死、国家の安危を託すに足るのである」

○最大限活かさないと「時間」がもったいない
○最大限活かさないと「機会」がもったいない

前者は時給で人生を考えています。
後者は機会のレバレッジで人生を考えています。
自分の時間の使い方が多少うまくなっても、大した成果はありません。
しかし自分の周りの機会を活かせるならば、人生は激変します。
戦争に勝つ者は、一瞬の機会を逃さず最大の勝利を手にします。
書類の書き方がうまくても、人に仕事を任せても戦争には勝てません。
「時間活用」の考え方は、自分の外にある機会に目を向けていません。
だからこそ、時に人生全体を棒に振ることになるのです。

孫子ならどうする？ 53

効率ではなく、機会に焦点を合わせて時間を使う

時間はいつでも同じ価値ではない

時間はいつでも同じ価値ではありません。
1分間が数十万円のときもあれば、ほとんど無価値のときもあるのです。
チャンスを目の前にして、正しく動けばそれを手にできる瞬間なら。
その時間は一瞬でも、極めて大きな価値があります。
逆に、人生に何の変化も生み出さない時間はどうでしょうか。
どれほど有効に活用しても、その価値は極めて低いでしょう。
目の前に機会があるときは、時間の価値は極めて高いのです。
目の前に機会がないときは、時間の価値は極めて低いのです。
価値の極めて高い時間を、どのように使うかで人生の勝負は決まります。

「勝利する条件がないときは、守りを固めなければならない。逆に、勝機を見出したときは、すかさず攻勢に転じなければならない。つまり、守りを固めるのは、自軍が劣勢な場合であり、攻勢に出るのは、自軍が優勢な場合である」

孫子は、時間の価値が変動することを見抜いていました。
勝機がある瞬間の時間は、すかさず行動する価値があるのです。
ほんの数分、数時間、数日でも人生を変える機会があります。
それは人生に何度も出現するものではないかもしれません。
孫子は、時間に平等な価値を見出しませんでした。
機会の有無と大きさで、激変する時間の価値を判断していたのです。

孫子ならどうする? 54

時間の価値は、機会の大きさで測るべきである

巨大な壁を前にした、間接的アプローチの意味

第三章で「間接的アプローチ」についてご説明しました。
目の前をさえぎる壁に、直接攻撃をしないで目的を達成する発想です。
ソンムでの連合軍のように、勝ち目のない戦いは悲惨な機会です。
効率的なチャンスではないのですから、時間の価値は無残な低さです。
ノルマンディー上陸作戦では、ドイツ軍を分散させて勝機を倍増させました。
勝ち目が増えた戦いは、時間の価値も高くなります。

壁は壁ではなく、迂回することで逆に目標に近づくこと。
壁に正面攻撃をかけず、成功の定義を変えて勝利すること。
相手を分散させ、こちらが一点集中することで勝率を逆転させること。
みじめな機会しかなかった戦場に、勝てる機会を生み出す行為です。
当然ですが、時間の価値は何倍にも高まることになります。
優れたリーダーは、組織全員の時間の価値を高めて勝利します。
勝てない部下の時間は、価値が低いものです。

勝てない部下を放置すれば、チームの時間も無駄になります。
部下の時間価値を高めるには、勝てる人間になる教育や指導が必要です。
会社の栄枯盛衰は、組織内の人間の時間価値で決まります。
国家が繁栄するかどうかは、そこに住む人の時間価値で決まります。
優れた指導者は、国民が多くの機会を摑める制度を作るものです。

時間の価値は、不変のものではなく、あなたが自分で高めることもできます。
今の環境の中で、自分に役立つ機会を見つける努力をすればよいのです。

自分の手で時間の価値を貶《おとし》めることもできます。
チャンスなのに、千載一遇の機会にあなたが背を向けたとき。
運命の女神が、すぐ目の前まで欲しかった機会を連れてきたとき。
それを必死で摑もうとしないあなたは、時間の価値を自分で最低にしたのです。
時間の価値は、機会の大小に比例します。
機会をつくり上げることは、時間の価値を高めることです。
機会を摑まないことは、時間の価値を捨て去ることです。

孫子は、戦場で勝機を高める術を見抜きました。
私たちは、人生の勝機を高め、時間の価値を上げる術を身につけるべきなのです。

孫子ならどうする？55

機会を自らつくることで、時間の価値を高めること

時間の価値が低いとき、その過ごし方

どうやっても、現時点では機会がない目標もあります。
オリンピックへの出場を目標にしているとき。
数年後の転職を目標にしているとき。
将来、プロスポーツ選手になることを目標にしているとき。
好意を寄せる異性が、海外赴任をしているとき。
自分が目指している社内のポストに、今は空きがない場合。

機会自体は、すぐ目の前にはない状態です。
そんなとき、私たちは暇に飽《あ》かせて何もしなくてもよいのでしょうか。
孫子は、そんなときこそ「不敗の態勢」を構築するときだと指摘します。
純粋な勝機自体は、私たちの外の環境にあります。
しかし、機会の到来をじっくり待ち、準備をととのえることは可能です。
機会の扉が開く前に、扉の一番近くまで辿り着いておくのです。

「むかしの戦上手は、まず自軍の態勢を固めておいてから、じっくりと敵の崩れるのを待った。これで明らかなように、不敗の態勢をつくれるかどうかは自軍の態勢いかんによるが、勝機を見出せるかどうかは敵の態勢いかんにかかっている」

まず自軍の態勢を固めておいてから、じっくり敵の崩れを待つ。
自ら扉の一番前まで歩いていき、あとは扉が開くのを待つ。
これが、機会のないときの正しい時間の使い方です。
チャンスが目の前にないときは、チャンスを摑む力を蓄えるときなのです。

機会がないと嘆いて何もしない人は、機会がきたときにも何もできません。
不敗の態勢をつくるために、努力をしていないからです。
社内のポストが空いていなくとも、その前まで努力することは可能です。
「次はあいつの番だな」周囲がそう認めるような状態をつくっておくことです。
孫子の描く、戦上手の生き方とは、そういうものなのです。

孫子ならどうする？ 56

機会のない時間に、機会に近づき摑む力を蓄えておく

悲惨な境遇でも、時間の価値は無限に高まる

人生には時に、予期しないことがあります。

それが幸運であればよいのですが、不運な出来事もあるのです。
自分が期待していた道ではない、思い描いていた人生ではない。
誰もが嘆き悲しみ、自暴自棄になるかもしれません。
しかし、それは孫子の兵法書にある生き方ではありません。
常に、時間の価値は「機会の有無」で決まるからです。
不運な出来事のなかにも、機会を見つけることができればどうなるか。
悲しみの中にも、機会を見つけることができればどうなるか。
あなたの時間の価値は、不運によってむしろ高まることもあるのです。

古代中国の歴史家である司馬遷は、歴代名門の生まれでした。
ところが戦場で捕虜になった将軍を擁護して、投獄されてしまいます。
のちに宮刑にされたとき、「人間として最大の屈辱」だと彼は絶望します。
しかしこの不運を彼は『史記』の執筆と完成へと結びつけたのです。
現在まで読み継がれる『史記』により、司馬遷の名は不滅のものとなりました。
『君主論』を書いたイタリアの政治家、マキアヴェリも同じです。
フィレンツェ共和国の敏腕外交家だったマキアヴェリ。

彼は政権崩壊で、自らの職から追放されてしまいます。

存分に能力をふるえた外交官という職を失い、途方に暮れた彼でしたが、山荘にこもり、一人『君主論』の執筆に執念をかけたのです。

失職という悲劇がなければ、この名著は生まれなかったかもしれません。

司馬遷もマキアヴェリも、悲劇の中に、必死で別の機会を見出しました。

彼らの人生の時間は、新たな機会を見つけたことで光り輝いたのです。

私たちの人生においても、これはまったく同じです。

今、手にしている時間の中に、どんな機会を見出すか。

あきらめや絶望に負け、この悲劇にはなんの機会もないと思えば時間は無価値です。

「時間」が人生を輝かせるのではありません。

「機会」が人生を輝かせるのです。

悲しみに圧倒され、機会を探す努力を忘れていないか。

悲劇や絶望の中に、どのような機会を見つけることができるか。

それがあなたの持つ時間を輝かせるか、無価値にするかを決めるのです。

孫子ならどうする？ 57

「機会」を探し発見すれば、人生は再び光り輝く

13 主導権がある時間、ない時間を意識せよ！

戦場を区切る、3つの時間帯とは

孫子を読むと、戦場には3つの時間帯があることがわかります。

①主導権がまだ定まっていないとき
②実際の戦闘
③戦闘の結果、大勢が決定したとき

主導権がまだ定まっていないときとは、プロジェクトリーダーを探しているときです。

誰かが手を挙げて、大きな存在感を示すことができればリーダーになれるときです。

営業なら、提案見積もりが募集されている時期です。
恋愛なら、意中の人がまだ誰とも交際していない時期です。
実際の戦闘とは、決定したチームで活動をするときです。
大勢が決定したときとは、物事に決着がついた時期のことです。
プロジェクトで言えば、成否が明確になったときです。
営業であれば、どこの企業が受注するか決定したときです。
恋愛であれば、意中の人に特定の相手が決まったときです。

「勝機を見出したときは、すかさず攻勢に転じなければならない」
「攻めにまわったときはすかさず攻めたてて、敵に守りの余裕を与えない」
「あらかじめ勝利する態勢をととのえてから戦う者が勝利を収め、戦いをはじめてからあわてて勝機をつかもうとする者は敗北に追いやられる」

主導権がまだ定まっていない時期の時間密度が重要です。
この時間帯で勝負をかけることで、残りの時間帯の成果が完全に決まるからです。
主導権が定まっていないときこそ、全力で勝負をかけるときです。

プロジェクトのリーダーが決定したあと、あなたが立候補しても変わりません。意中の人が恋人や結婚相手を決めたあとでは、あなたの熱意は届きません。

孫子は主導権が宙に浮いているときに、驚くべき速さを発揮せよと主張します。戦場の3つの時間帯に鈍感な者は、いつも勝者に勝利をさらわれます。出世できず、営業で受注できず、魅力的な異性を恋人にできない人生なのです。

孫子ならどうする？　58

戦場を区切る、3つの時間帯の最初にすべてを集中せよ

時間について、敗北者は驚くほど無知である

時間について、敗北者は驚くほど無知です。

戦場の3つの時間区分を理解していないからです。
主導権が定まっていない時期、誰にでも平等にチャンスはあります。
しかしこれは一瞬で終了する時間帯でもあります。
運命の女神が、誰にこの機会を託そうか、あたりを見回しているときなのです。
敗北者は時間の密度がいつも同じです。
昨日と今日、明日、そしてこの瞬間を同じテンションと意識で過ごしているのです。
女神の手の中に、誰も手に入れていない機会がある時間帯でもです。
勝者は万難を排して、この機会を受け取るため女神に殺到します。
主導権を握れば、それ以降の時間帯を驚くほど有利に、幸せに過ごせるからです。
孫子が「速さを重視する時間帯」とは、主導権が宙に浮いているときです。
リーダーが決まれば、プロジェクト中ずっと立場は変わりません。
いったん企業に入れば、転職しない限りその会社に勤め続けます。
結婚であれば、一度決めたら一生その二人は家族として過ごします。
その機会を逃せば、永遠にチャンスは巡ってこないのです。
勝者は戦場の3つの時間帯を驚くほど意識しています。

主導権を握る者が、そのあとの長い時間も、成功と幸せを手に入れるからです。
敗北者は、誰かに主導権を握られたあとで、泣き言のようなことを言い続けます。
あのときああすればよかった、こうすべきだった。
しかし、戦場の大勢が決定したあとに、運命はほぼ変えられません。
あの仕事がしたかった、と言ってもすでに担当者は別人で決まっています。
あの人が好きだった、と言ってもすでに別人と結婚しています。
主導権争いは、一瞬の時間でも、その明暗は長く、時に永遠に続くのです。
戦場の時間帯に鈍感な敗者は、常に勝利と幸せを誰かに奪われ続けるのです。

孫子ならどうする？ 59

主導権を手に入れることに、最大の努力を注ぎ込め

物事が変えられる時間、変えられない時間

主導権を手に入れるためには、時間の区分に敏感でなければなりません。
つまり、それ以降の大勢を決する要素を、正しく見極めることです。
選択が可能な時間帯に、自分の最大限の能力を発揮することです。

長い人生の中で、選択肢を与えられる時間帯はごく短いものです。
学生が部活動を選ぶ時間と、その部活に励む時間の比率。
進学する学校を選ぶ時間と、その学校に通う時間の比率。
仕事を選ぶ時間と、その仕事に従事する時間。
恋人と交際を始める時間と、それからの交際期間。
結婚を決めた時間と、結婚生活が続く期間。
選択肢がある時間は短く、その決定は長期に影響を及ぼすことがわかります。

「短期決戦に出て成功した例は聞いても、長期戦に持ちこんで成功した例は知らない。
そもそも、長期戦が国家に利益をもたらしたことはないのである。それ故、戦争によ

る損害を十分に認識しておかなければ、戦争から利益をひき出すことはできないのだ」

幸運な機会、珍しい機会を手にしたとき、短期で勝敗を決する覚悟が必要です。
特別な機会という認識をもたず、だらだらと時間を過ごせば機会は消え去ります。
時間をいたずらに浪費すれば、チャンスと思えたものもチャンスでなくなります。
目ざとい他者が、あなたの前にあるチャンスの存在に気づくからです。
物事を選択できるときに、最大限の能力を発揮すること。
物事を変えられるときに、最大限の努力を注ぎ込むこと。
すべてが変えられなくなったあと、どれほど努力を注ぎ込んでも無意味です。
戦場では、有利な機会をあなたが摑まなければ、次は相手が有利になるのです。
何もかも終わったあと、自分が無為に過ごした時間を嘆くことになる前に。
物事が変えられる時間に、短期決戦で勝敗を決める必要があるのです。

孫子ならどうする？ 60

物事を選ぶ、変えることが可能な時間に全力で戦う

枠組みが決定したら、雌伏《しふく》の時間に移行する

仕事も人生も、勝つために全力を尽くす刻《とき》があるのです。
しかし機会を最大限活用できる時間は、ほんの限られた瞬間です。
枠組みが決まったあとは、新たな変化の兆しを待つ必要があります。

「味方の態勢をととのえて敵の乱れを待ち、じっと鳴りをひそめて敵の仕掛けを待つ」

戦いでは、こちらの態勢が完璧でも相手に隙が必要だからです。

隙のない状態では、こちらの準備を重ねるしかありません。
また、いったん勝負が決したら、この人生ではやり直しができない機会もあります。
その場合、その戦場から立ち去り、別の機会を求める必要があります。
雌伏の時間は、面白いものでも、楽しいものでもありません。
しかし、戦場における3つの時間区分を理解した対処であるのは事実です。
次の機会を、疾風のように攻めるには、機会を待ち、力を蓄える時間が必要です。
孫子は、戦場に出現した機会によって、軍の時間をすばやく切り替えました。
戦争も人生も、主導権を巡る戦いは、勝敗に大きくかかわるポイントです。
単に、時間の使い方に敏感になるのではありません。
現れた機会を摑むために、時間をどう使うかに敏感になるべきなのです。

孫子ならどうする？ 61

機会の大切さを知る者は、雌伏の時間に自らを鍛える

14 時間の経過を、あなたは味方にできているか？

時間がコストになるほうが、負ける

孫子の第二編は「作戦篇」となっています。

その最初に、戦争には膨大なコストがかかることを述べています。

そのため、優れたリーダーは短期決戦で勝つべきだと指摘しています。

「およそ戦争というものは、戦車千台、輸送車千台、兵卒十万もの大軍を動員して、千里の遠方に糧秣《りょうまつ》を送らなければならない。したがって、内外の経費、外交使節の接待、軍需物資の調達、車軸・兵器の補充などに、一日千金もの費用がかかる。さもないと、とうてい十万もの大軍を動かすことができない」

戦争以外にも、新しい活動、新しいビジネス計画にはお金がかかるものです。
そのため、あまり長期の計画で資金を投入し続けることはリスクとなります。
資金の回収までに時間がかかるほど、リスクが高くなるのです。
孫子は遠方の地で戦争を続ける輸送コストについて書いています。
遠ければ遠いほど、1日の費用は高くなります。
時間というものは、慎重に扱わなければ敵に回ることになるのです。
リーン・スタートアップという言葉が近年話題になっています。
事業を計画する際、段階的に修正や効果測定を行う方法です。
大きな計画の最後に効果を測定するより、時間のリスクを軽くできるのです。
時間の経過は、コストでありリスクです。
計画を決めた時点と、完成する時点が大きくずれると、世の中が変化するからです。
時間がコストであれば、相手が粘るとこちらが負けます。
時間がリスクであると、社会が変化すればこちらが負けます。
「兵は拙速を聞く」のは、時間にまつわる危険を避ける発想なのです。

孫子ならどうする？ 62

時間の経過に伴う、コストとリスクに注意を払う

時間の経過で、勝者も型にはまる

時間の危険性はコストやリスクだけではありません。
人も組織も、時間の経過で「型にはまり易くなる」のです。
以前成功した方法を使いたがる。
以前と違う考え方を、排除したくなる。
年を取ると、意固地になると言われます。
頭が固くなり、柔軟な発想を嫌うようになるのです。

「同じ戦争態勢を繰り返し使おうとするが、これは間違いである。戦争態勢は敵の態勢に応じて無限に変化するものであることを忘れてはならない」

孫子はあくまで、戦場の現実に焦点を合わせよと私たちに教えています。
これまでのやり方ではなく、社会変化に一致する方法を選ぶのです。
世の中が変わったのに、自らの考えをまるで変えないのでは危険です。
敵の態勢も、社会も無限に変化するのですから。
時の経過に負けないためには、環境に合わせて自ら変化すべきなのです。

孫子ならどうする？63

時間の経過で型にはまらず、変化に柔軟に合わせる

時間の経過で、変化を生み出せる者

一人の人間は、時間とともに年を取ります。
変化を嫌う組織も、時間とともに年を取ります。
一方で、時間の経過でますます新しくなる組織もあるのです。

「音階の基本は、宮、商、角、徴、羽の五つにすぎないが、その組み合わせの変化は無限である。色彩の基本は、青、赤、黄、白、黒の五つにすぎないが、組み合わせの変化は無限である（中略）。戦争の形態も『奇』と『正』の二つから成り立っているが、その変化は無限である」

時間の経過とともに新しくなる人は、新たなものを取り入れて変化します。
時間の経過とともに新しくなる組織は、新たなものを取り入れて変化します。
私たちは外部から新たな要素を取り入れて、自らと組み合わせればよいのです。
自分だけ、自分の内面からのみ新たなものを生み出し続けることはできません。
日々新しくなるのは、外の世界に目を向け、取り入れて組み合わせる者だけです。

外に目を向けない者は、時の変化に取り残されます。
新たなものを吸収しない者は、時の変化で古くなります。
孫子は、変化は無限に可能であると言っています。
それは新たな組み合わせを実現したときにできることです。
時間に打ち勝つためには、外に目を向け、新たなものを取り入れることです。

孫子ならどうする？64

新たなものを取り入れて、無限に変化し続ける

積み重ねたものが無駄になるとき、飛躍を生むとき

何も意識しなければ、人は時間とともに頭が固くなります。
そこには一つの終着点があります。
自分の意見を変えられなくなったとき。

他人の中に、優れた点を見つけられなくなったときです。
自分は悪くない、でも他人への批判はやたらと厳しい人がいるものです。
自らの傲慢さ、という大きな落とし穴が足元にあく時期なのです。

「戦争態勢は水の流れのようであらねばならない。水は高いところを避けて低い所に流れて行くが、戦いも、充実した敵を避けて相手の手薄をついていくべきだ。水に一定の形がないように、戦いにも、不変の態勢はありえない。敵の態勢に応じて変化しながら勝利をかちとってこそ、絶妙な用兵といえる」

頭が固くなれば、精神が硬直化すれば、自由な発想が失われます。
世の中の変化を学び、そこからチャンスを見出すことも難しくなります。
水は、地形の高低に素直に応じて逆らうことがありません。
社会の変化に応じて、それにぴったり寄り添い柔軟であること。
以前とは、勝利の条件は異なるはず、と考えられるかどうか。
積み重ねた成功に、また一つ勝利を重ねる人は柔軟です。
すべてを瓦解させる人は、自己硬直という傲慢さに足元をすくわれるのです。

孫子ならどうする？ 65

水のごとく地形に逆らわず、柔軟性を維持すること

良いことが、同じ人にばかりやってくる理由

人生を長年生きていると、ある理不尽なことに気づきます。

良いことは、同じ人にばかりやってくるように見えることです。

これは、単なる偶然か、気のせいなのでしょうか。

実は、科学的な実験で証明されていることでもあるのです。

書籍『サバイバーズクラブ』（講談社インターナショナル）には、ある実験が解説されています。

被験者に新聞を渡して、全体の紙面に写真が何枚あるか数えさせる実験です。

時間の経過を味方にできる勝者、敵にまわす敗者

時間の経過を敵にまわす3つの要因

1
時間の経過がコストになる場合、時間はリスクとなる

2
勝者も型にはまり、変化への柔軟性を失う

3
新しいものを採り入れず、創造する能力を失う

孫子第六編「虚実」より

水に一定の形がないように、
戦いにも、不変の態勢はありえない。
敵の態勢に応じて変化しながら
勝利をかちとってこそ、絶妙な用兵といえる

［無限に変化し形のない「水」であり続けることができるか?］

水の流れは高い所を避けて低いところに流れて行く。
常に状況に正しく応じるという例え

↓

良いことが、同じ人にばかりやってくるのは、
機会に寄り添う習慣があるから。
時間の経過で頑固になると、チャンスからさらに遠ざかる。

ものの数秒で作業を終える人もいれば、2、3分かかる人もいます。

この違いは、人の数える速さにあるのではありません。

秘密は、新聞の第2面に大きく掲載されたメッセージにあります。

「数えるのをやめなさい。この新聞には、43枚の写真があります」

驚くべきことに、第2面に大きく掲げられた見出しを多くの人は見逃します。

写真を数えるのに夢中で、文字に気がつかないためです。

この実験は、自分の周囲で起こるランダムなチャンスに反応できる人か、そうでないかを測ることが目的だったのです。

ランダムなチャンスに反応できる人は、幸運な傾向のある人。

偶然の機会を見逃してしまう人は、不運な人である可能性が高いのです。

この実験には、もう一つ大きく書かれたメッセージがありました。

「数えるのをやめて、この文を見たと実験者に言えば、あなたは250ドルもらえます」

ここでも、不運な人たちは、写真を数えるのに熱中しています。メッセージを見もせず、250ドルを手に入れるチャンスを失うのです。

対照的に、幸運な人たちは、このチャンスに目をとめ、賞金をせしめる。

ある作業をしていても、ほかのチャンスを受け入れる準備ができているからです。

幸運な人たちは、ゆったりと構えて、人生の可能性をオープンに受け入れる。

不運な人たちは、ぴんと張りつめ、言われたことだけに閉じこもりがちなのです。

良いことが、同じ人にやってくるのは明確な理由があったのです。

孫子ならどうする? 66

現在の作業に囚われず、チャンスに目を開いておく

最後に笑うものは誰か？

孫子は戦争の勝ち負け、という冷徹な現実から生まれています。
都合の良い妄想でも、自分勝手な解釈でもありません。
現実は、一人の人間の内面世界を中心に回っていないのです。
だからこそ、孫子は「時間効率」ではなく「機会効率」で考えているのです。

私たちの時間は限られていますが、世界の時間は無限にあります。
世の中は、たった一人の人間に、関心を持ったりはしません。
しかし、大きな機会には大いに関心があります。
その機会を誰がつくり出し、誰が成果に変えたかに関心があります。
時間の変化は「秒・分・時間」で計測されています。
社会の変化は、「無限の機会」で計測されているのです。

人がうらやむ人生を送る人は、機会を活かすことが上手な人です。
彼らは時給で仕事をする人をしり目に、機会で大きくのし上がるのです。

恋愛や結婚ではさらに差が大きくなります。

機会を最大限活かせる人は、充実した恋愛と結婚を自在に手にしています。


人生で笑う者は「時間効率」で物事を見ていません。

人生で笑う者は「機会効率」で物事を見ているのです。

ケンタッキー・フライドチキンの創業者サンダースは、65歳のとき高速道路建設の影響で自分の店を手離します。なんと彼はこの年齢から全国にチキンの製法を教えるフランチャイズを展開。73歳のとき600店を超えるチェーンを創り出したのです。

孫子は勝機に殺到せよ！　と何度も繰り返しています。

機会を探し、機会を活かすことを計画の中心に据える者が勝つのです。

時間の活用とは、サラリーマンが仕事のあと、コンビニでバイトすることです。

機会の活用とは、これから売れる商材を扱い、チャンスをてこに成功することです。

時間のレバレッジは微々たるものです。

機会のレバレッジは、時に人の想像をはるかに超える巨大なものになるのです。

孫子ならどうする？ 67

人生を「時間効率」ではなく、「機会効率」で考える

第五章
なぜ、兵の「実力」を引き出せないのか？

15 孫子が説く、トップが果たすべき役割とは

戦力の6割は、組織の優劣で決定される

意外なことですが、孫子は組織論をかなり重視しています。原書では戦略とほぼ同じ分量を、組織の記述に割いているほどです。孫子が言及している階級は主に3つ。君主、将帥、兵士です。君主はトップ、将帥は幹部やマネージャー、兵士は部下に当ります。

「まず五つの基本問題をもって戦力を検討する。

『道』とは、国民と君主を一心同体にさせるものである。これがありさえすれば、国民は、いかなる危険も恐れず、君主と生死を共にする。

『天』とは、昼夜、晴雨、寒暑、季節などの時間的条件を指している。

『地』とは、地勢の険阻、地域の広さ、地形の有利不利などの地理的条件を指している。

『将』とは、知謀、信義、仁慈、勇気、威厳など将帥の器量にかかわる問題である。

『法』とは、軍の編成、職責分担、軍需物資の管理など、軍制に関する問題である」


孫子の第一編「始計」の2番目に出ている5つの基本問題。

5つのうち、なんと3つ「道」「将」「法」が組織の問題です。

自軍の戦力の大半は、組織力の優劣に左右されているのです。


「道」とは、国民と君主を一心同体にさせるものである。

これがありさえすれば、国民は、いかなる危険も恐れず、君主と生死を共にする。


「道」は企業、組織、チームの基本的な目標・理想に当たります。

最近では、企業理念と言い換えてもよいでしょう。

社員全員が、真剣に追いかけたいと熱望する目標をトップが掲げているかです。

「将」とは、知謀、信義、仁慈、勇気、威厳など将帥の器量にかかわる問題である。
「将」は幹部や、マネージャー職として現場の指揮を執り、統率する人物です。
彼らが優秀であるか無能であるかで、組織の戦力は大きく変わります。

「法」とは、軍の編成、職責分担、軍需物資の管理など、軍制に関する問題である。
「法」は会社の基本ルールです。社是、社則のほかにマネジメント手法を指します。

孫子は「この5つの基本原則は将帥なら誰でも一応知っている」と指摘します。
しかし戦場で勝利を収めるのは、真の理解者だけだと警告しています。
知ったつもりの中途半端な将帥は、組織力を高めていないからです。
組織が実力を発揮するポイントを、理解だけでなく、使いこなせているかです。
君主と将帥は協力し、組織の基本的な力を高めるべきなのです。

孫子ならどうする？ 68

企業の実力を決める組織力に、隅々まで気を配ること

トップは、全体をきちんと見ているか

トップがまず果たすべき役割はどんなものでしょう。
トップはスポーツにおける監督のようなものです。
ゲーム全体を視野に入れることが求められます。
敵チームの状態、敵の監督や選手の癖まで見抜くことが必要です。
さらに、現場全体を引っ張れる優れたリーダーを決めるのも監督の仕事です。

「一、君主は、どちらが立派な政治を行っているか

二、将帥は、どちらが有能であるか
三、天の時と地の利は、どちらに有利であるか
四、法令は、どちらが徹底しているか
五、軍隊は、どちらが精強であるか
六、兵卒は、どちらが訓練されているか
七、賞罰は、どちらが公正に行われているか

わたしは、この七つの基本条件を比較することによって、勝敗の見通しをつける」

トップはビジネス全体を見渡すことが必要です。
「どちらが」という言葉は、ライバルや勝っている企業を指しています。
競合企業や乗り越えるべき会社と比較するのです。
モノだけを見るな、人だけを見るな、ライバルだけを見るな。
孫子は徹底して「視野狭窄」を戒めます。
戦いで熱くなると、どうしても思考が狭くなります。
苦戦していると、目の前の戦場しか見えないのです。

視野を広げて、組織力を複数の要素で高めるべきと孫子は繰り返します。
偶然に勝利する軍ならば、稀な幸運を祈るだけでよいでしょう。
しかし常勝する軍を目指すなら、それではいけません。
敵と比較できるすべての要素で、相手を凌駕する必要があります。
改善できるのに、抜けている部分はないでしょうか。
弱点を補強するべきなのに、手を付けていない部分はないでしょうか。
視野を広げ全体を見渡すなら、自社の改善点は驚くほど見つかるのです。

孫子ならどうする？ 69

トップは戦場で視野を広げて、複数の点を改善すべき

トップは、補佐役の幹部と親密な関係か

トップは、補佐役である幹部やマネージャーと良い関係を築く必要があります。組織の勝利に真剣になるように、彼らを積極的に巻き込むべきなのです。

「将軍というのは、君主の補佐役である。補佐役と君主の関係が親密であれば、国は必ず強大となる。逆に、両者の関係に親密さを欠けば、国は弱体化する」

「必ず勝てるという見通しがつけば、君主が反対しても、断固戦うべきである。逆に、勝てないと見通しがつけば、君主が戦えと指示してきても、絶対に戦うべきでない」

「君命には、従ってはならない君命もある」

トップと幹部の関係が疎遠であれば、組織が勝てるはずはありません。

これは当然のことです。

「君命には、従ってはならない君命もある」とは、将師への言葉です。

これは命令違反や軍紀違反を奨める言葉ではありません。

幹部を「勝利という結果」を中心に思考させ行動させせよ、というアドバイスです。

ワンマンなトップは、自分の言葉を何でも聞くイエスマンを集めがちです。

孫子はそれでは勝てないと主張しています。

トップの言葉を鵜呑みにせず、勝利を軸に判断する幹部を育てる。

成果を出すため、もし社長が間違っていたなら、指摘できる幹部が必要なのです。

戦場で欲しいのは全軍の勝利です。

トップの言葉を鵜呑みにして、自分で頭を使わない幹部ではありません。

戦場のリアルは、統率をする将軍であるマネージャーのみが知ります。

君主はすべての戦場に、目を届かせることができません。

トップの顔色だけをうかがう幹部は、戦場で兵士の足を引っ張ります。

兵士はそれでは、死力を尽くして戦う気になれません。

「君命には、従ってはならない君命もある」の前には、暗黙の前提があるのです。

「全軍の勝利のためならば」という前提です。

トップは「勝利という結果」を中心に、思考と行動ができる幹部を育てるべきなのです。

孫子ならどうする？ 70

幹部を組織の勝負に巻き込み、成果を軸に思考させる

時流にきちんと乗れているか、流行を摑まえているか

君主、トップに求められるのは、勝てる戦争を選ぶことです。
孫子は「部下に死力を尽くさせる」ことを統率の基本としています。
これは、負ける戦場に送り込み、必死にさせるという意味ではありません。
勝てる戦場に送り込み、なおかつ必死に戦わせて勝利を手にすることです。
トップは、戦うことで勝利できる戦場に、部下を送り込む必要があります。
現代は作れば売れる世の中ではありません。
作れば売れる時代は、はるか昔に終わりました。

消費者が今、欲しいものを作らなければ、売れません。

作るモノが変更できないなら、それを欲しい人をさらに広く探して売る時代です。

「戦上手は、なによりもまず勢いに乗ることを重視し、一人ひとりの働きに過度の期待をかけない。それゆえ、全軍の力を一つにまとめて勢いに乗ることができるのである」

「戦争の段取りは、まず将軍が君主の命を受けて軍を編成し、ついで陣を構えて敵と対峙するわけであるが、そのなかでもっともむずかしいのは、勝利の条件をつくりだすことである」

トップが厳しく判断すべきなのは、自社が時流に乗れているかです。

消費者が欲しいと思うものを作っているか。

時流に乗ったビジネスをしているか、流行を摑まえているか。

これから欲しいと思われる存在を目指しているかです。

トップは勝てる戦争を選び、将軍と兵士に出撃命令を下す必要があります。

これは、勝てる戦場を発見し、勢いに乗って勝利を収めるためなのです。

孫子ならどうする？ 71

時流に乗り、流行を捉えて自社に勢いを生み出すこと

16 孫子に学ぶ、上司と部下の適切な関係づくり

全軍を戦いに駆り立てる「目標」「越えるべき壁」「倒すべき敵」をつくっているか

勝てる戦場を選んだら、兵士を戦いに駆り立てなければなりません。モチベーションの強さは、多くのビジネスで勝利の原動力だからです。孫子はどのように、現場の意欲を高めたのでしょうか。

「兵士を戦いに駆りたてるには、敵愾心を植えつけなければならない。また、敵の物資を奪取させるには、手柄に見合うだけの賞賜を約束しなければならない。それゆえ、敵の戦車十台以上も奪う戦果があったときは、まっさきに手柄をたてた兵士を表彰する」

敵愾心を植えつけるとは、どんなことを意味するのでしょう。
挑むべき「新たな目標」を目の前に提示することです。
越えるべき「目の前を塞ぐ壁」を意識させることです。
目標達成のため「倒すべき相手」の存在を明確にすることです。

戦いとは「新たに何かを始める」ことです。
部下を戦わせるには、挑むべき目標を上司が掲げる必要があります。
目の前を塞ぐ壁とは、成果を阻んでいる要素を意識させることです。
営業であれば、実績を上げるために、何が足らず、何を変える必要があるのか。
君の勝利を阻む壁は、ずばり○○だ、と部下に教えることが必要です。
それが倒すべき相手の存在を、明確にするということです。

敵愾心は、「敵」の姿が見えてはじめて感じるものです。
その「敵」が、どれほど部下の勝利を邪魔しているか。
その「敵」を倒すことが、どれほどの利益と幸せに結びつくか。

上司は部下に
「敵愾心」を植えつけなければならない

孫子第二編「作戦」より

兵士を戦いに駆りたてるには、
敵愾心を植えつけなければならない

↓

敵愾心は、「敵」の姿が見えて初めて感じるもの

↓

上司やリーダーは、部下に敵の姿を見せるべき

- 目標のないところに達成はない。油断と慢心、ぬるま湯となるだけ
- 敵がいないところに、敵愾心は生まれない。反撃の意欲も出てこない
- 壁を意識させないと、打破への行動はできない。自由の豊かさを教えること

敵愾心を植えつけるとは、意欲を引き出すこと。
成果をあげた部下は称賛して報い、
勝利の美味を覚えさせよ

すべては上司が掲げ、明確化し、教えるべきことです。

「目標」のないところには、達成はありません。
ぬるま湯という油断と慢心が広がるだけです。
「敵」がいないところに、敵愾心はありません。
気づかなければ、反撃への意欲は生まれないのです。
「壁」を意識させないと、壁は乗り越えられません。
自由がもっと豊かなことを、理解していないからです。

上司が目標を掲げ、部下の成果を妨げる壁を教え、敵の存在を意識させる。
そうやってはじめて、部下は本気の戦いを始めるのです。
壁を乗り越えた部下は称賛し、成果に応じて報いることです。
勝つことの味を覚えたら、やがて部下は戦闘のたびに勇躍することになるでしょう。

孫子ならどうする? 72

上司は目標を掲げ、部下に倒すべき敵を教えること

目標と指示、死力を尽くさせるコツ

孫子の組織論の原則は「兵に死力を尽くさせること」だと先に述べました。兵士の意思に頼るのではなく、自然にそうなるように仕向けるのです。

「逃げ道のない状態に追い込まれると、一致団結し、敵の領内深く入り込むと、結束を固め、どうしようもない事態になると、必死になって戦うものだ。したがって兵士は、指示しなくても自分たちで戒めあい、要求しなくても死力を尽くし、軍紀で拘束しなくても団結し、命令しなくても信頼を裏切らなくなる」

右を読むと「とりあえず窮地に陥れたらよいのか」と勘違いする人もいるでしょう。
それは半分正しく、半分は間違っています。
孫子が目指している最終目標は、次の通りだからです。

○一致団結し、結束を固め、必死になって戦う
○指示しなくとも自分たちで戒めあう
○要求しなくとも死力を尽くす
○軍紀で拘束しなくても団結する
○命令しなくても信頼を裏切らなくなる

生き残る方法を知らない新人を、窮地に陥れたら必ず大失敗します。
戦線から逃げ出すか、すぐに討ち死にするのがオチです。
太平洋戦争で、戦闘機のパイロットを養成したときのこと。
米軍も日本軍も、ひよっこパイロットは、出撃した当日か数日以内に戦死しました。
ベテランパイロットも飛び交う戦場で、ふらふら飛ぶ新人は格好の標的だからです。

米軍は一計を案じ、新人はベテラン機の後ろについて追いかけるだけにさせました。敵を撃ち落とすことをやめさせ、乱戦を体験して帰ってくる体験を積ませたのです。戦場の経験を積むことで、ようやく冷静に飛び、心に余裕が生まれるからです。

窮地に陥れて全力を引き出すにはコツがあります。
必ず、その窮地を打開できる人をチームに入れておくことです。
団結するには、団結の核となる強い人物が必要だからです。
その人物を中心に、チームとして危機を乗り越えた時、部下は大きく成長します。
「軍紀で拘束しなくても団結する」ためには、その効果を知っている人が必要です。
チーム力を活かして勝ち抜くリーダーの下につけ、乗り越える経験をさせるのです。

孫子が目指す目標を無視して、部下を窮地に追い込むとどうなるか。
新人パイロットなら、一機の敵も撃墜できずに海の藻屑となるだけです。
修羅場を経験させるには、ある程度、上司の周到さが必要です。
ベテランと激戦を乗り越えた新人は、次の飛行は一人で飛ぶことができます。
やがては部下を引っ張るエースになることも、十分可能になるでしょう。

孫子ならどうする？ 73

正しい修羅場を準備し、部下の死力を引き出すこと

17 勝利のための孫子の組織論

大軍団でも、小軍団の良さを発揮せよ

孫子は、単純な数の多さを礼賛しませんでした。

数が多いことは有利でも、「多さ」には欠点もあるからです。

「大軍団を小部隊のように統制するには、軍の組織編成をきちんと行わなければならない。大軍団を小部隊のように一体となって戦わせるには、指揮系統をしっかり確立しなければならない」

孫子は二つの欠点を指摘しています。

一つは「統制が取れなくなる」こと。

もう一つは「バラバラに戦うことになる」ことです。
数が増えるほど、一致団結という状態から、遠ざかる危険があるのです。
組織の人数が多くなると、数を頼みにした油断が生まれます。
自分ひとりが必死にならなくとも大丈夫と考えるのです。
全員が大船に乗っているつもりでは、必死で戦うはずがありません。
どれほど数が大きくとも、小部隊のような統制と意欲を維持することです。
部下一人ひとりを、責任感と危機感で張りつめた状態にするのです。
上司である、あなたが道を拓かなければ、この戦は負けると考えること。
どんなに大部隊でも、部下一人ひとりの役割の重要性を強く認識させること。
勝つリーダーは、数が多いことのデメリットを打ち消す指導力を発揮しているのです。

孫子ならどうする？ 74

数頼みの油断を打ち消し、個人に緊張感を与えること

組織が大きくなると、あらゆる武器が消えていく

「兵士の数が多ければ、それでよいというものではない（中略）。逆に深謀遠慮を欠き、敵を軽視するならば、敵にしてやられるのがおちだ」

組織は大きくなると、どんな強みを失うか。
格好の事例を教えるビジネス書があります。
書籍『エクセレント・カンパニー』（英治出版）です。
世界で700万部を売った1980年代のベストセラー書です。

なぜ、この書籍が格好の事例となるのか。
それはエクセレントな企業が「膨張しても小軍団の強みを維持」しているからです。

［エクセレント・カンパニーの8つの特徴］

○行動の重視
○顧客に密着する
○自主性と企業家精神
○ひとを通じての生産性向上
○価値観に基づく実践
○基軸から離れない
○単純な組織・小さな本社
○厳しさと穏やかさの両面を同時に持つ

8つの特徴をみると、組織肥大のデメリットがわかります。
「行動力がなくなる」「現場に疎くなる」「他人任せになる」など。

組織が複雑になり、議論ばかりで行動力が軽視される。
甘やかしすぎか、厳しすぎるという両極端。
対策を取るにはどうすればよいのか。

部下の人数が多くなるほど、行動を重視させる。
部下の人数が多くなるほど、顧客に密着する。
部下の人数が多くなるほど、自主性を発揮させる。
人数が多くなるほど、デメリットを打ち消す対策を強化するのです。
普通の組織は、兵士の数が多いほど、深謀遠慮を欠くのです。
兵士の数が多いほど、敵（問題）を軽視するのです。
組織が大きくなるほど、リーダーは意識改革が必要です。
サイズが膨張することの、デメリットは少なくないからです。
組織のサイズに比例して、上司が統率力を強化しないと勝てないのです。

孫子ならどうする？ 75

組織のサイズに比例して、優れた統率力を発揮する

わかりやすさとアイコンで、全軍を引率する

人数が多くなると、統率はより難しくなります。そのため、孫子は「わかりやすさ」を強化すべきと指摘しました。

「古代の兵書に、『口で号令をかけるだけでは聞きとれないので、金鼓を使用する。手で指図するだけでは見分けることができないので、旌旗《せいき》を使用する』とある」

「金鼓や旌旗は、兵士の耳目を一つにするためのものである。これで兵士を統率すれ

ば、勇猛な者でも独断で抜け駆けすることができず、臆病な者でも勝手に逃げ出すことができない。これが大軍を動かす秘訣である」

孫子は私たちに「本当に伝わっているか？」と聞いています。
経営者やリーダーが、現状への危機感を持つのは当然です。
しかし、あなたの危機感は全組織の行動を変えることができているか。
苦心の改善計画を発表しても、部下はなんとなく昨日と同じ今日を過ごす。
戦いを担う部隊に、危機感が伝わらなければ戦果は変わりません。
彼らの行動が変化しなければ、どんな伝達も無意味なのです。
シンプルな指示と大きなアイコンを使い、誰にも一瞬でわかるようにする。
人数が多いほど、指示はわかりやすさが重要になるのです。
また孫子は、「余計な行動をする兵」と「敵から逃げている兵」の存在を指摘します。
仕事で忙しく見えるのに、成績がいま一つの部下。
やるべきことから逃げてばかりいる部下。
これらはともに「やることで成果が出る作業」に集中しないことで生まれます。
上司は単に指示をわかりやすくするだけではいけません。

彼らを集中させることで、成果が出る仕事を明示する必要があるのです。

孫子ならどうする？ 76

わかりやすさと集中で、部下の行動を正しく変える

臨機応変を奨励し、あくまで成果に焦点を合わせる

全軍を統率する、大軍団をあたかも小さな軍団のように活動させる。
厳しい管理を意味するように感じますが、ある誤解は避けなければいけません。
孫子の統率は、型にはまることではないからです。
数が増えることのデメリットを打ち消し、部下のやる気を100％引き出す。
その目的はあくまで「機会を摑み」「変化に対応する」ためです。

「いったん任務を授けたら、二階にあげて梯子をはずしてしまうように、退路を断ってしまうことだ。敵の領内に深く進攻したら、弦をはなれた矢のように進み、舟を焼き、釜をこわして、兵士に生還をあきらめさせ、羊を追うように存分に動かすことだ。しかも兵士には、どこへ向かっているのか、まったくわからない。このように全軍を絶体絶命の境地に追いこんで死戦させる。これが将帥の任務である」

「臨機応変の効果に精通している将帥だけが、軍を率いる資格がある。これに精通していなければ、たとえ戦場の地形を掌握していたとしても、地の利を活かすことができない」

「敵の態勢に応じて勝利を収めるやり方は、一般の人にはとうてい理解できない。かれらは味方のとった戦争態勢が勝利をもたらしたことは理解できても、それがどのように運用されて勝利を収めるに至ったかまではわからない」

部下から必死の行動力を引き出すこと。

指示のわかりやすさは、チャンスへ殺到することを可能にします。
大胆な目標は、部下を奮い立たせ発想を飛躍させることにつながります。
大きな成果には、予定外の褒賞で報い、部下のやる気をさらに高める。
これらは、組織が成果をあげるための策なのです。
管理とは、型にはまることではありません。
管理とは、上司の言うことを部下に聞かせることでもありません。
管理とは、厳しい型に社員をはめ込むことでもありません。
成果を最大化するという一つの目標に、すべての部下を団結させることなのです。

孫子ならどうする？ 77

管理とは、機会を掴み成果を最大化することである

18 人を動かす3つの舞台を作っているか？

上司は、人を効果的に動かす、3つの舞台を用意せよ

孫子は、組織を効果的に率いる3つの要素を提示しました。その3つの要素を舞台にして、人と組織を動かすためです。

「乱戦、混戦のなかでは、治はたやすく乱に変わり、勇はたやすく怯に変わり、強はたやすく弱に変わりうる。治乱を左右するのは統制力のいかんであり、勇怯を左右するのは勢いのいかんであり、強弱を左右するのは態勢のいかんである」

乱を治に変える「統制力」。
怯を勇に変える「勢い」。

弱を強に変える「態勢」。
ここには、注目すべきことがひとつあります。
先に舞台としての3つの要素があり、人はそのあとに続くことです。
つまり、舞台を作り上げると結果として人と組織が動くのです。
孫子は、戦場で人を変えようとするのではなく、舞台を作れと言っています。
人を変えるのは個人の問題に踏み込むことです。
人を変えようとせず、舞台を変えることで人も変わると孫子は言います。

私たちはよく、人の弱点や失策を批判します。
しかしその指導者が、舞台を適切に作り出しているかは疑問です。
上司が「あいつは使えない」と言う場合、舞台を作っていないことを意味します。
自らの組織に人が入れば、自然に正しく機能する舞台をととのえておく。
弓矢が飛び交い、人の生死が交差する古代の戦場。
究極の混乱の中で人を動かす孫子は、舞台の重要性を常に認識していたのです。

孫子ならどうする? 78

人を動かしたいなら、3つの舞台をまず準備せよ

乱を治に変える「統制力」を生み出す

混乱は、対処法がわからないときに生まれます。
例えば、リスクを想定しないとき。
困難を予想していないとき。
「どうしていいかわからない!」と思うときに混乱します。
逆に言えば、統制力とはこのような事態を避ける能力を意味します。

○仕事でミスをした時の対処法を確立しておく
○万一の事態を想定した計画を常に立てる
○組織のメンバーの頭に、困難を予想させておく

このような困難も「予想されていたな」と部下に思わせる準備が統制力です。

書籍『史上最強の人生戦略マニュアル』(きこ書房)の著者、フィリップ・マグローの指摘ですが、現代が離婚の多い時代である理由の一つは、「結婚すればバラ色の人生」というイメージが、あまりに流布しているからだと言います。

結婚は自由な一人の人生を、相手の都合も考えなければいけない時間に変えます。

子供が生まれると、手のかかることも圧倒的に増えます。

楽しい反面、我慢すべきことも激増するのが結婚生活なのです。

楽しいことだけ考えていたカップルは、結婚の現実にすぐ打ちのめされてしまうのです。

リスクや困難を想定した「統制力」がそこにないから夫婦は別れるのです。

死の恐怖が身近な戦場で「どうしたらいいかわからない!」はパニックに直結します。

だからこそ、リスクや万一を想定したプラン、訓練を欠かさず行うのです。

新入社員には、これからの仕事人生で多くの困難にめぐり合うと教えておくこと。

難しいことも悩むことも当たり前だと教え、その対処法にも触れておくこと。

統制力のある舞台とは、リスクを想定し、万一のプランを立てている職場です。部下や新入社員に、困難や悩みに突き当たる可能性も知らせている職場です。そのような職場は、乱を治に変える統制力が発揮された舞台なのです。

孫子ならどうする？ 79

リスクや困難、万一の事態の際の手順を用意する

怯を勇に変える「勢い」

卑怯、臆病を勇気に変える舞台とはどんなものでしょうか。

「怯」とは、おびえる、心がしりごみするなどの意味です。

「勇」は、気力が盛んに奮い立つ、いさましいという意味です。

怯は、自らがそれを乗り越えられるかわからない不安から生まれます。問題の正体がわからず、自分の能力を信じられないことから発生するのです。

そのため、「怯」を「勇」に変えるには、小さな成功を体験させることが重要です。
大きな仕事であれば、10分割して最初の1ステップを成功させるのです。
新入社員であれば、書類のコピーや整理だけ、格段にうまくさせるのです。
ほんの小さなこと、些細なことでも成功の味を覚えさせること。
勝利の興奮を、小さなことでも体感させること。
これを積み重ねることで、その人間には「勢い」が生まれます。
自分はできる、次も乗り越えられるという「勢い」です。
丸い石が、坂道を転がるように勢いを増していく。
小さな成功と勝利を、ステップを踏んで達成すると「勢い」が生み出されます。
「勢いのある職場」とは、成功体験が多い人が集まる職場です。
誰もが、自分が壁を突破できる自信を胸に持っているからです。
勢いのある舞台は、上司が成功や勝利を段階的に準備することで生まれます。
「勢い」がつけば、最初は臆病だった人や組織も、勇者の集団に変貌できるのです。

孫子ならどうする？ 80

小さな成功と勝利を積み重ね、壁を突破する自信を与える

弱を強にする「態勢」

弱を強にするにはどうすべきか。
これは上司なら誰もが悩む問題でもあるでしょう。
一つには、自社の強みを押し広げる形でビジネスを進めること。
こうすれば、得意な分野で勝負を続けることになります。
もう一つは、自社より弱者を攻略のターゲットにして展開することです。
これも、態勢により強者になることが可能な選択です。
最後に、チームに必ず経験豊富なベテランを入れておくことです。

壁を乗り越えたことのある人物と、経験の浅い者を共に戦わせる。
この経験を積ませることで、弱を強に変えていく態勢をつくるのです。

第二次世界大戦まで、戦闘機での戦いは「位置取り」が勝敗を決しました。
敵よりも高度があり、相手を見下ろせる場所から攻撃したのです。
ベテランの隊長機は、どれだけ良い位置から戦闘を始めるかに苦心しました。
そのような態勢を占めると、未熟なパイロットにも勝機が生まれるからです。
弱を強に成長させるため、態勢をうまく活用しているともいえるでしょう。
むやみに強を求め、未経験者を怒鳴りつけても成果は上がりません。
弱者としての個人を、強者に変えるのは時間がかかります。
上司が態勢をととのえ、弱が強に成長する機会を常に与えるのです。
弱を強に変えるとは、成長の機会に部下をつれて行くことなのです。

孫子ならどうする？ 81

個人よりも、組織として勝てる舞台を作り上げる

すぐれた舞台を作る、プロデューサーとなれ

あらゆるものは、激しい戦闘の中で簡単に混乱してしまいます。治が乱に、勇が怯に、強が弱に変わってしまうのです。そのようなマイナスの変化を抑え、戦果を挙げる組織を維持すること。環境の変化の中でも、３つの舞台を正しく作る組織が勝ち残るのです。

「ふだんから軍律の徹底をはかっていれば、兵士はよろこんで命令に従う。逆に、ふだんから軍律の徹底を欠いていれば、兵士は命令に従おうとしない。つまり、ふだんから軍律の徹底につとめてこそ、兵士の信頼をかちとることができるのである」

組織に成果を上げさせ、人を効果的に動かすために、舞台を管理することです。
すでに何度も繰り返しましたが、管理とは人を型にはめることではありません。
変化に強くなり、機会を獲得させて、成長を促していくことです。
上司は、すぐれた舞台を作り上げる名プロデューサーであるべきなのです。
その舞台に上がるだけで、誰もが優れた戦果を挙げる人に育っていく。
3つの要素を兼ね備えた舞台が、人を成長させていくのです。
危機に動じず、困難に耐えて、壁を越える意欲を自然に燃やす。
優れた将軍は正しい舞台を作り、維持発展させることで勝利を得ているのです。

孫子ならどうする？ 82

部下が効果的に動き出す、舞台を上司が作ること

19 大きな勝利の90％はあなた以外の要素で決まる

努力よりも、機会の大きさで勝利は決まる

兵法書『孫子』全体を見たとき、大きなメッセージがひとつあります。
それは「大きな勝利の90％は、あなた以外の要素で決まる」というものです。
個人の努力よりも、外部の機会活用こそが大きな差を生み出すのです。

自らできることはあくまで「自軍側の強化」だけです。
大きな勝利は、敵の隙や地形など有利な情況がもたらすと孫武は考えたのです。
そのため、勝利の機会は自らの外にあると考えることが必要です。
「5つの基本問題」や「7つの基本条件」などは、チャンスの判断基準とも言えます。
ビジネスや人生でも、実力や努力が１００％成果を生むとは限りません。

むしろ、同等の能力でも、出会った機会の大小で驚くほど明暗が分かれます。ベンチャービジネスで一世を風靡した人物も、時代が変わるとただの人になるように。


このように考えると、第一に重要なのは、優れた機会の発見です。

次に、その機会を確実に摑み取ることが大切だとわかります。

孫子は常に敵と自分の相対的関係を測ることを重視しました。

わたしたちにとって、それが最善の機会であるかを知るためです。


孫子は「必勝」とは機会がもたらすものであると語りました。

そして、「不敗の態勢」ならば、自らつくることができるとも述べました。

力を蓄えながら、最高の機会を待つ。

そして、大きな挑戦をできるだけリスクのないものにする。

古代兵法書の『孫子』は、現代処世術にも十分通じるメッセージが含まれているのです。

孫子ならどうする？83

機会を見抜く力、機会を摑む力が大勝利を生み出す

敵が力を入れていない場所、社会のスキを見つける

人は物事を成すとき、積極的な力を過信しがちです。簡単に言えば「攻撃」に過度に意識を奪われているのです。ところが、『孫子』は、間接的アプローチの概念を中心にしています。

攻撃の効果は、相手の防御の薄さに比例する、という考え方です。つまり、相手の防御が手薄なほど、同じ攻撃でも威力は増加するのです。相手の抵抗がゼロなら、攻撃はすなわちそのまま勝利を意味します。

『孫子』の哲学、大きな勝利の90%はあなた以外の要素で決まる

小さな勝利は別にして、大きな勝利の90%は
あなた以外の要素で決まることを『孫子』は暗示している

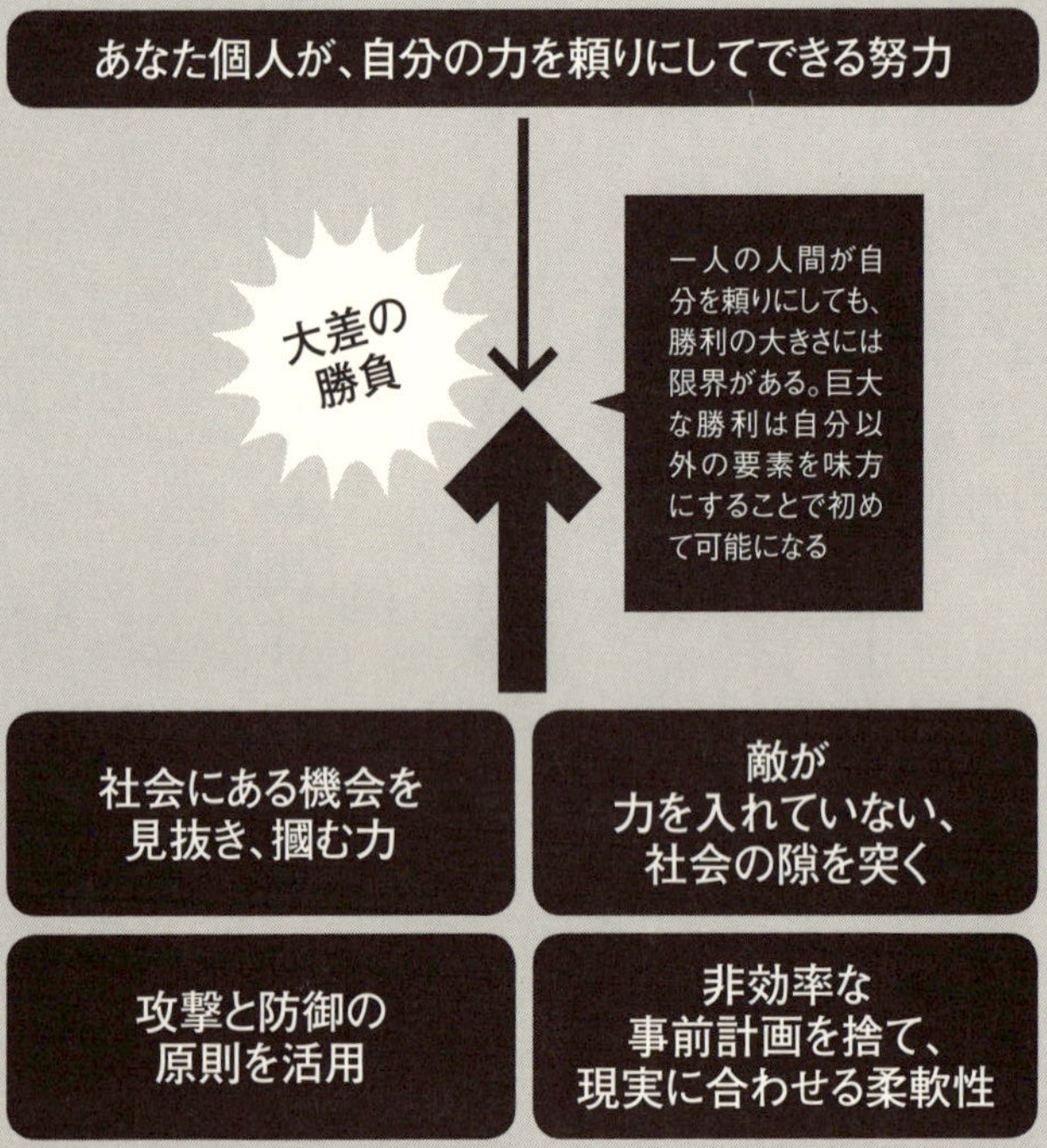
あなた個人が、自分の力を頼りにしてできる努力
大差の勝負
一人の人間が自分を頼りにしても、勝利の大きさには限界がある。巨大な勝利は自分以外の要素を味方にすることで初めて可能になる
社会にある機会を見抜き、摑む力
敵が力を入れていない、社会の隙を突く
攻撃と防御の原則を活用
非効率な事前計画を捨て、現実に合わせる柔軟性

選挙活動で、対立候補がゼロの地域で立候補するなど、その典型でしょう。
対立候補ゼロは極端ですが、弱い相手のいる選挙区を選ぶことは可能です。
この場合、勝因はあなたの知名度より、選挙区の選び方と言ってよいはずです。
「はじめは処女のごとく、終わりは脱兎のごとく」も同じ意味です。
相手の油断を誘うほど、あなたの攻撃効果は倍増することになるからです。

戦果を挙げる、という目的は同じです。
しかし攻撃力を増強するか、敵の手薄な場所を狙うかは大きな違いです。
先に、機会の大きさで勝利は決まるとお伝えしました。
次に、攻撃の効果は、敵の防御の薄さで決まるのです。

ビジネスなら、これまで保護されてきた産業を狙うことが似ています。
規制や業界によって、競争から守られてきた産業です。
それらは激しい競争に慣れていないため、攻撃効果が高い場所だからです。
規制打破のベンチャーが、短期間で業界を席巻する姿は孫子の兵法に通じているのです。

孫子ならどうする？84

自軍の攻撃を、防御が薄く、競争の少ない所に向ける

上級編

孫子をさらにマスターしたい方へ
成り立ちと特徴を分析する

20 孫子の兵法の成り立ちから見る特徴

経験則と歴史を、戦略に昇華させた孫武

紀元前5世紀頃、古代中国にあった呉の国に仕えた孫武。
彼の著した『孫子』13編は、どのように成立したのでしょうか。
原文には、何度か次の言葉が出てきます。

「古《いにしえ》の所謂《いわゆる》善《よ》く戦《たたか》う者《もの》」

本書が参照した『孫子・呉子』（守屋洋・守屋淳／プレジデント社）では「むかしの戦上手」と翻訳されています。
つまり、孫武の時代にすでに歴史となっていた事柄です。

孫武自身が、歴史から学んだ法則を戦略に昇華させていたのです。
もちろん、過去に起こった出来事の因果関係をまとめただけではありません。
「AをするとBが起こる」のような単なる事実は、状況が変わるとほぼ使えません。
起こった状況が特殊であったり、再現性がない出来事だったりするからです。
あるいは、因果関係を勘違いしていることもあるでしょう。

孫武は、戦場の因果関係を正しく整理し、再現性が高い法則にまとめました。
それが軍事戦略書としての「孫子の兵法」です。
彼の書が現代まで重宝され、読み継がれるのは理由があります。
それは、適用できる範囲を想像以上に広げる記述方法です。

一つの例として「奇襲」とは、どんな行為を指すか。
①朝方、4時半から5時のあいだに、相手に気づかれず一斉に攻撃する
②相手がもっとも油断している時間帯、状況を見つけて一斉攻撃する
記述①では時間帯が明確ですが、相手の情況の変化に対応できません。

記述②では、相手に合わせて攻撃の時間帯を自己判断する必要があります。

朝方に奇襲がくると思い込む相手には、ほかの時間帯のほうが効果もあります。

このような形で、孫子の記述方法は、私たちの頭を使わせて、適用できる範囲を極めて広くさせる特殊な表現に溢れているのです。

これが、『孫子』に魅了される人が2000年以上絶えない理由だと思われるのです。

孫子ならどうする？85

孫子は読み手に考えさせ、適用できる範囲を広げている

待ちぼうけの童謡が教える、経験則の弱点

経験則や過去の出来事は、実は万能ではありません。

『孫子』は歴史や経験を、再現性のある戦略に昇華させている

『孫子』には
“古の所謂善く戦う者”という言葉が出てくるが
これは、むかしの戦上手という意味

歴史や経験から学ぶことは可能か？

童謡の待ちぼうけ
経験をしても普通は、
単に起こった
というだけで
有効な法則には
ならない

→

兵法書としての孫子
経験則は、再現性を
高めてはじめて法則化される。
孫武は戦史を、
再現性のある戦略に
昇華させた天才

『孫子』を学ぶとは、
起きたことや体験の再現性を高めること。
良いことを見たり聞いたり体験した時、
あなたはそれを良いこととして
何度も再現できるだろうか？

天才である孫武は、
勝利を再現するための条件を
兵法書にした

そこには経験則ゆえの弱点があるのです。

童謡「待ちぼうけ」（北原白秋）では、偶然うさぎが木の根っこに当たって死にます。このうさぎを運よく手に入れた農民が、次の日から木の根っこで待つ話です。めったに起こらない偶然の出来事を、再現性が高いと勘違いした滑稽な話です。

経験則、という意味で、農民に起こった出来事は事実です。これは否定しようがありません。

しかし、同じことを期待して、毎日切り株で待つ行為は正しいでしょうか。恐らくほとんど再現性がなく、単なるムダになることでしょう。経験則は「単に起こった」という理解だけでは有効な法則にならないのです。

ところが、切り株で死んだうさぎを見て、ある人は次のように発想します。「そうか、うさぎが走り回る場所に、ワナを仕掛ければ捕獲できるのだ」と。この人物は、経験則から、再現性の高い別の因果関係を導き出しています。

［二つの発想の比較］

○同じ切り株に腰を下ろし、何日間もぼーっと待ち続けた
○うさぎが走り抜けそうな場所を探し、森中に捕獲のワナを仕掛けた

皆さんは、どちらが多くの獲物を獲得すると予測しますか。
間違いなく、後者の男がうさぎを何匹も手に入れるはずです。
そのあいだ、待ちぼうけの農民はムダに時間を浪費するだけです。

古代の戦争を見ても、普通の人は片方が勝ち、片方が負けたとしかわかりません。
ところが孫子のような慧眼の人物の頭脳は、まったく違う現実を見出します。
一匹のうさぎが切り株にぶつかることで、大規模な捕獲方法が見えるようにです。
いくつもの戦争の勝敗を見ることで、勝者と敗者の法則を見出したのです。
これは、恐るべき頭脳だと言わざるをえません。
もし『孫子』が一人の人物の作品であるなら、その人物はまさに天才です。
２５００年後の現代でも、十分に通用する因果関係を洞察したのですから。

私たちは日々、成功者のニュースを読んだり聞いたりします。
個人的に成功した人物、幸せに生活をしている人の姿も見ています。
仕事のできる人も、経営に成功した経営者も存在しています。
ならば、そこから孫武のように再現性の高い法則を見つけているでしょうか。

経験則を自らの人生に活かすには、再現性の壁を破る慧眼が必要です。

孫武の凄さと恐ろしさは、彼にはそれができてしまったことです。
2500年後の世界にも、その影響を残すほどの高い精度で。

孫子ならどうする？ 86

経験則は、再現性を高めてはじめて法則化される

『孫子』を創造的にマスターする、原則と定石

『孫子』を、戦争の定石集だと考えていた方もいるのではないでしょうか。
第十一編「九地」などは、まさにそのような雰囲気があります。

(例)
「散地（自国の領内）」――戦いを避けなければならない
「軽地（他国に軽く進攻した場所）」――駐屯してはならない

典型的な定石は「AのときBをしなさい」のような形式で表現されます。
現代で言えば、業務マニュアルのようなものです。
「○○のときは、このようにお客様に接してください」などの資料です。

ところが『孫子』は、このような定石・マニュアル的な記述は一部です。
そして、定石はほぼ「当たり前の失敗を避ける」ことに使われています。
一方で、機会を捉えるような攻撃側の要素には、原則主義が使われています。

攻撃の原則を学んだら、あとは実情と敵に合わせて頭を使え、ということです。
攻撃と防御で、『孫子』では原則主義と定石主義が区別して適用されているのです。

これは、サービス業などでよく指摘されることに似ています。
減点されないためにマニュアル、加点されるために、原則主義が使われます。
高級ホテルのドアマンなどには、年間で数十万円の自由予算が与えられています。
なぜでしょうか？
常連のお客様の大切なイベントなどに、迅速にプラスのサービスをするためです。
常連客の誕生日に、小さな贈り物をするなどもその一つです。
原則を理解させたら、あとは担当者の判断にゆだねるほうが効果的だからです。

古代兵法書の『孫子』は、杓子定規なものではありません。
特に攻撃側の原則主義により、原則をマスターしたら創造的に使えるものです。
実際に荒野で戦闘をしない現代ビジネスマンですが、定石の重要性も同じです。
当たり前の失敗を避けて、大きな機会を見つける時間を稼ぐのです。

自分を飛躍させるプロジェクトが、入社してすぐ見つかるなどありえません。
チャンスを捉える原則が、待ち構える時間のために定石があるのです。

孫子ならどうする？ 87

攻撃には原則と創造性が、防御には定石と忍耐が必要

似た価値観と、思考体系を持つ敵には極めて有効

経験則、過去の戦史を研究して法則化した『孫子』。
高い再現性を持つこの英知は、ある特徴があります。
経験則ゆえに、似た価値観と思考体系を持つ敵には、極めて有効だということです。

特定の情況になると、同じように考える。
特定の文化を持ち、少なくとも価値観に共通点がある。
このような場合、孫子の思想体系は孫武が意図したとおりに機能します。
孫武が活躍した春秋時代は、中国大陸内で複数の国家が覇を競っていました。
しかしその争いは、同じ文化圏に属する異なる国家の闘争という性格でした。
そのため、孫子の兵法は特に効果的に機能したと考えられるのです。

中国の歴史上、異文化・異民族の侵略と支配を受けた時代が何度かあります。
まったく異なる信条を持ち、戦い方から武器、社会制度まで違う敵です。
そのような敵を前にした時、必ずしも兵法はうまく機能したとは言えませんでした。

先に、孫子は「原則主義」と「定石」から成り立っているとご説明しました。
チャンスにどう手を伸ばすかという原則と、失敗を避ける定石です。
ところが、孫子の「定石」ばかりに目を奪われると、失敗を避けるだけになります。
その結果、先に向かって歩み、未知の可能性に挑戦する姿勢が失われるのです。

似た価値観の中では、失敗を避けることである程度の成功ができました。
ところが、まったく別の価値観の中では、勝利しない限り、成功できないのです。
そのため、失敗を避けるだけでは成功することができません。

これは海外生活を始めることをイメージすればわかりやすいです。
右も左もわからないのですから、失敗を避けるだけでは自分の居場所をつくれません。
積極的に振る舞い、友人をつくり、周囲の人間関係を広げる努力が必要です。
生まれた国での生活のように、ある程度いろいろ揃っている条件とは違います。

小さな賢さで孫子を読むと、失敗を避ける定石集としか理解できません。
そのため、未知の情況では萎縮してばかりで、新たな進展を生み出せないのです。
大きな賢さで孫子を読むと、新たな成功に手を伸ばす挑戦の重要性がわかります。
そうしてはじめて、経験則から生まれた弱点を強みに転換できるのです。

孫子ならどうする？ 88

孫子は、「挑戦」と「守り」の二つの面で活用する

第一次世界大戦の世界と、2500年前の孫武の慧眼

経験則と歴史を分析して生み出された「孫子の兵法」。
孫武の慧眼は、2400年後の第一次世界大戦でも証明されました。
すでにご説明した間接的アプローチの有効性が、その最たるものです。
イギリスの軍事戦略家リデル・ハートは、孫子を熱心に研究しています。
経験則から、孫武という人物が生み出した勝利の法則。
それが時代を超えて現代まで通用していることは驚きだと言えます。

逆に考えると、私たちは日常起こる出来事や生活から、何を感じているか。どんな有効な法則や経験則を、導き出しているでしょうか。

普段の生活で起きる出来事は、平凡でなんの価値もないと私たちは思いがちです。ところが、孫武の物語は、まったく違う現実を教えてくれています。私たちは、そこから何かもっと貴重なものを引き出すことができるのです。もっと多く、もっと効果的な法則や成功の鍵を見出すことができるのです。自らの経験から、どんなことを見抜き、そして学ぶか。これこそ、人の人生を左右する最大の焦点だと言えるでしょう。

孫子ならどうする？ 89

自分自身の経験から、できるだけ多くの法則を見出すこと

21 孫子が負けるとき、それはどんな瞬間か

孫子は歴史上、何度か負けている？

やや驚かれるテーマですが、実際に孫子が負けているわけではありません。孫子の兵法が、基礎的な教養として学ばれた漢民族の帝国が負けているのです。

例えば、4世紀初頭から5世紀初めの五胡十六国時代は、北方の小国家の多くは異民族でした。

三国志時代のあと、中国を統一した晋が国内で反乱を起こし、その結果北方遊牧民族の侵入を許すようになったからです。

11世紀以降、中国北方に存在した遼、金も異民族国家です。

当時、漢民族の王朝は南方の南宋となっていました。
その南宋も、モンゴル帝国に滅ぼされ滅亡、元王朝に切り替わります。
１６３６年に成立した清も、女真族という北方民族の王朝でした。
清王朝は約３００年間存続し、その後は中華民国に引き継がれます。

本書は歴史の研究書ではありませんから詳細は描きません。
また、これまで解説してきた孫子の名誉を傷つけるものでもありません。
異民族は異なる文化や価値観を持ち、違う戦い方をする集団です。
そのような集団に、兵法の文化を持つ漢民族は何度か敗北しているのです。

これは、先の「経験則から昇華された法則」であることも関係しているでしょう。
つまり、過去の出来事や知識の蓄積がないと、法則が通用しないのです。
体験や過去のデータがないことに、経験則による法則は極めて弱いのです。
やったことがない、経験がないことを議論する思考手段に乏しいのです。
異なる価値観の敵は、兵法の陽動などの奇策が通じにくいのも事実です。
少なくとも、兵法文化はこれら異民族に一時的にせよ負けたのです。

孫子ならどうする？ 90

経験則から生まれた兵法は、データのない戦いに弱い

兵法を誤読する者、使えない者が増えた

異民族に、漢民族が敗れたもう一つの理由。
あくまで推測ですが、兵法を誤読する者が増えたのではないかと思います。
「兵は詭道である」とは孫子の第一編の言葉です。
しかしこれはトリックや、罠などがすべてという意味ではありません。
また先の「兵法は定石である」と考える人が増殖した可能性もあります。
そうなると、失敗を避ける意識ばかりが強くなります。

そのため、発想の起点が相手への攻撃ではなく、防衛にばかり集中する懸念があります。

つまり、兵法を誤読すると守りばかりをしがちなのです。

ところが、大河のように押し寄せる敵に、守りだけでは勝てません。

最終的には領土が縮小し、滅ぼされてしまうことになるからです。

本書でも分析しましたが、孫子は原則主義の部分を理解しないと使いこなせません。

自由な発想で、孫子の知恵を十分に活用するには、本質への理解が必要です。

異民族の侵入に敗れた国家に、もし共通点があるとすれば。

兵法を表面的に理解する将軍ばかりだったのではないでしょうか。

戦略的な「攻撃」がなければ、現状維持以上の戦果は生み出せないのですから。

慎重であることは重要ですが、攻撃の機会発見を怠るべきではないのです。

孫子ならどうする？ 91

守りに徹するときも、攻撃の機会を伺い続けよ

失敗がなければ、それが「勝利」と呼べる戦場にいるか

重要なのは、「大きな失敗」をしなければ勝利と言える場所にいるか、です。
あなたがオーナー経営者の息子なら、大失敗をしないだけで将来はバラ色です。
ところが、転職したばかりで成果を期待されている職場では、まったく違います。
あなたは攻撃を主導することを大いに期待されているからです。
目立った失敗がないことが、将来の成功を約束しないのです。
失敗をしないことが、勝利を約束せず、むしろ敗北だと言えることさえあります。
もう一つ、専守防衛を処世術と考える人たちは、行動の範囲が狭いことが多い。
そのため、いざ「攻撃がどうしても必要」となったとき、発想の起点がありません。

法則化するための、これまでの経験があまりに不足しているからです。
効果的な攻撃には、相手の隙か有利な地形を見つけることが必要です。
これは孫子が何度も強調していることです。
ところが、その隙か有利な地形を見つけるには、まず行動が必要なのです。

オフィスの窓から、外を眺めていてもビジネスチャンスは見つかりません。
雑多な場所に足を踏み入れ、さまざまな情況を見たり聞いたりする必要があります。
戦場での勝機を見出すためには、成否のわからない行動の蓄積が必須なのです。

この「成否のわからない行動」の重要性を認識できるかどうか。
苦境に追い込まれると、人は合理的に判断しなければと焦りがちになります。
小さく頭の賢い、秀才タイプほどこの傾向があります。
異民族に負けた古代帝国の将軍たちは、小さな賢さを持った人たちだったのでしょう。
焦るほどに「失敗できない」と強迫観念にかられ、行動の数が減っていく。

最新鋭の戦略としての孫子が、なぜ現代でも成立するのか？

2500年前に出現した
兵法書『孫子』と近代の事例

第一次世界大戦のソンム、第二次大戦のドイツの勝利と敗北

中国共産党を率いた毛沢東
日中戦争での逆襲

ベトナム戦争で米軍を苦しめたゲリラ戦の展開

第一次湾岸戦争での「砂漠の嵐」作戦の大勝利

攻撃と防御の基本原則が
最新の戦争でも適用できる驚き

↓

経験則と戦史から昇華された戦略のため、既知や類似の情況に強い

未知の戦い方や、情報・経験則のない相手には弱く、苦手である

未知の情況は、既知の情況に変えるべき。質の高い未知に飛び込み経験を積め！

未知に飛び込み既知にすると、
孫子の勝利のサイクルが始まる

むしろ、情報を集めるため、計画的に行動の幅を広げるべきだったのにです。

旧日本軍も、第二次世界大戦で負け始めた頃、同じ罠にはまりました。
大本営の秀才参謀たちは焦り、机上の作戦計画ばかりを練り続けたのです。
むしろ、なぜ負けているか、戦場の最前線を歩き続ける行動が必要だったのにです。
発想の起点を与える行動の蓄積がなければ、頭で考えたプランは役に立ちません。

攻撃・防御ともに、その効果を最大化するには何が必要か。
幅の広い経験こそが、両輪をまわすための基礎となるのです。
小さな賢さとは、一人の頭の中の想像の世界です。
それは転変する現実の中では、役に立たないことも多いはずです。
新たな情報、新しい視点は、常に行動と経験を通じてもたらされる。
孫子は、流転し続ける現実に触れることから兵法を編み出しています。
冷たく荒々しく、人の心を突き刺すような現実に触れた者のみができる行為です。
高層ビルの窓から、下界を眺めることでは、辿り着くことができない境地なのです。

孫子ならどうする？ 92

殻に閉じこもらず、計画的に行動の幅を広げていく

未知・未経験のものごとに、積極的に触れて、歩いていく経験を

異民族の侵入に直面して、孫武が指揮を執ったらどうなったか。

間者を含めた情報収集を、徹底的に活発化させたでしょう。

将軍たちに戦場のリアルを体験させるため、リスクのない軍事行動を計画したでしょう。


経験則がなければ、それを意図的に積み上げる作戦計画を作る。

つまり、よい体験を積ませることで、どこかで反撃の糸口を掴ませるのです。

これは、最初から勝機がどこにあるか、わかっていない戦いです。
しかし、どこかで見つかることを、孫武は確信している戦いです。

体験を計画する、とはおかしな言葉かもしれません。
しかし、経験則を法則化した孫武は、恐らくこの重要性を見抜いていたでしょう。
未知の情況を前に、未知の敵を前に、作戦室で激論を交わしても無意味です。
さっさと戦場に連れていき、負けないように体験を積ませます。
間者を大量動員して、あらゆる情報を集めます。

未知に飛び込めば、それはやがて既知になります。
そうであれば、飛び込む未知の数は多いほうがよい。
できるなら、質の高い未知に飛び込むほうがよい。
そうすることで、あなたの中に勝利への経験が蓄積されていく。
やがて伝説的な軍師である孫武が、あなたの精神の中で微笑むでしょう。
それが、新たな勝機を見つけた瞬間なのです。

孫子ならどうする？ 93

質の高い未知に飛び込み、経験を重ねて次の勝機を見出す

22 孫子が逆襲を成功させるとき

経験を積むことで、勝率が急激に上昇する思考

近代で『孫子』を活用した代表的な人物の一人は、毛沢東です。

内戦で国民党軍と戦い、日中戦争では日本軍をゲリラ戦により撃退。

文化大革命等、政治家としての政策はともかく、軍事指導者としては一流でした。

毛沢東は、1938年には『遊撃戦論』という軍事指南書を著しています。

中国共産党軍は、一時期、国民党軍（蔣介石）に追い詰められます。

殲滅を辛くも逃れて、1934年には長征を行います。

この過程で、毛沢東は軍の指導権を獲得したといわれています。

毛は当初からゲリラ戦を主張しましたが、当時の首脳部は受け入れません。不利な塹壕戦を選び、崩壊寸前まで戦局は悪化していきました。逃げる長征のあいだも、毛は兵に略奪を禁じ少しでも農民を味方につけました。

劣勢である期間、物事がうまく進まない期間を彼はどう過ごしたか。最悪の事態、完全敗北をとにかく避けるように行動したのです。その上で、逆襲の糸口がどこかにないか、探し続けていたのではないでしょうか。

人生において、どうしても勝てない時期は存在します。そのようなとき、とどめを刺されないことが重要です。逃げること、なんとか今を続けること。時間を稼ぐことで、逆襲への経験と知識を集めていくのです。完全敗北をしなければ、経験の蓄積が突破口を示す時を待つことができるのです。

孫子ならどうする？ 94

どうしても勝てない時期は、完全敗北を防ぐこと

相手を知ることを、恐れてはいけない

徹底的に不利な戦いをしのいだら、次に何をすべきでしょうか。

重要なのは、自らの状態を全体像も含めて理解することです。

「自分は、どんな状態に置かれているのか」を冷静に考えるのです。


そのとき、忘れてはいけない注意点があります。

自分の視点で感情的に捉えないことです。

「他人から見たらどんな状態か」

「ライバル側から見たらどんな状態か」

「利害関係のない第三者から見たら」

「家族や友人から見たらどんな状態か」

このように見て、自分に都合よく理解を歪めることを防ぐのです。

同じ年齢の他者から、業界の同じ層の人から見たら、でもよいでしょう。

客観的に、みなさん自身の姿がどう見えるかを考えてみるのです。

自分の置かれた状況への理解は、変わるために必要なことを教えてくれるのです。

毛沢東は、中国全土の農民から、自分たちがどう見えているかを考えたのです。

その結果、彼らの怒りや憎しみの対象とならないことを選択できたのです。

「誰も味方がいない」と嘆く人ほど、自分がどう見えるか考えていないものです。

相手の視線に、自分がどう映るか、まるで気にしていないのです。

自己中心的な視点や感情を、ほんの一瞬でも手放すと、置かれた状況がわかるのです。

孫子ならどうする？ 95

自分が、どんな状態に置かれているか冷静に知る

あなたの目標と、大切な人の目標を重ねる

次に、あなたが成功すると、大切な人も成功するように仕向けることです。
あなたが勝つことが、大切な人の勝利につながるようにするのです。
そうすることができて初めて、あなたは苦境の中で味方を発見できるのです。
恋人や家族であれば、ごく身近なことから始めるとよいでしょう。
組織を束ねるリーダーであれば、成功したとき何を与えるかを示しておく。
ポイントは、あなたが掲げる目標と、周囲の人の幸せが少しでも重なることです。

孤独に負ける人は、たいてい自分だけの目標を追いかけている人です。
周囲の人の愛情を、無料で受けることができると思っている人です。

それではピンチの時に支え、チャンスを教えてくれる人は出てきません。
あなたが追いかける目標が、他の誰の関心も惹いていないからです。

孫子は、部下から200%の努力を引き出す術を多数教えてくれました。
しかし苦境から逆襲を始める最初の一歩は、もっとシンプルでOKです。
大切な誰かの夢を、何十分の一かでも、あなたが背負ってあげればよいのです。
あなたの旅の成功が、大切な誰かの夢を、少しでも近づけるものにするのです。

潮の流れは、ふとしたことで変わります。
あなたを応援する人が増えると、あなたの背中に追い風が吹き始めるのです。
それは、小さな小さな逆襲の第一歩になるのです。

孫子ならどうする？96

あなたの成功を通じて、大切な人たちの夢を叶えていく

人を動かす力をつける、人に勇気を与える力をつける

毛沢東は、自ら書籍を著すことで、メッセージを広範囲に発信しています。日本軍と中国共産党軍の比較と、どうすれば勝てるかの教本としての意味もありました。

日本は遠方から遠征し、共産党軍は味方である農民の中でゲリラ戦を展開する。非常にシンプルかつ、説得力のある戦略を彼は展開したのです。

逆襲を成功させるためには、人を動かす能力が必要です。

打ちひしがれた人の気持ちを変え、勇気を与えることが必要です。
苦戦が続く中で、これなら勝てると思う戦略と戦術を周囲に指し示すのです。

戦況をひっくり返すには、新たに戦いを始めなければなりません。
そのため、チームやパートナーから行動の意欲を引き出すことが大切なのです。
行動を始めなければ、突破口を見出すための経験を蓄積することもできません。

人を動かすためには、あなた自身が行動の成果を信じている必要があります。
あなたが勝てると信じており、その根拠を戦略で説明できるかです。
そこまでの戦略を、あなたが練り、人を動かせるかが勝負です。
孫武を軍師に招いた呉国では、王が孫武の作戦を信じました。
それにより国力を蓄え、決戦の日を心に描き、兵士は鍛錬に耐えたのです。

人を動かす、それも大いなる勇気をもって動かす能力を身につける。
あなたが啓発した周囲の行動は、やがて大きな流れを生み出すことでしょう。
その時には再び、あなたは尊敬される軍師の立場を得ているはずです。

ここまでくれば、学んだ孫子の兵法を、新たな視点で使い始めればよいのです。

孫子ならどうする？ 97

戦局を変えるには行動が必要、行動を生み出すには勇気と戦略を誰の心にも浸透させる力が必要

あとがき

「あとは、あなたが勝利を手にするだけである」

難しい時代だからこそ、孫子を深く読む価値がある

古典として読む書籍は、すでに数多く販売されています。
本書は、現代の私たちが直面する課題への孫子の回答として描きました。
あらためて振り返ると、あらゆる力を勝利へ一点集中する孫子の凄さがわかります。
現代は、グローバル化の波と日本の世界における位置の変遷に揺れる時代です。
日本だけで競争をする、日本だけで思考することが許されなくなりました。
同時に、世界の国がその地位を変え、急伸する国と衰退する国に分かれ始めています。

このように、過去と異なり、判断が非常に難しい現代社会。
今だからこそ、『孫子』の英知を学ぶ価値は、日増しに高まっているのではないでしょうか。

世界一優れた戦略古典『孫子』は、混沌の中で勝利への道を示すものだからです。

戦争は人類の歴史から消えないが、忌むべきものである

本書は、守屋洋・守屋淳先生の著作『孫子・呉子』を参照しています。

参照書では、第一編「始計」の冒頭、「兵は国の大事である」との翻訳のあと、同じ兵法書の『尉繚子《うつりょうし》』からの言葉を紹介されています。

「尉繚子より」

「罪のない国には攻撃を加えず、抵抗しない人民は殺さない、戦争とはそもそもそうあるべきものだ。ところが、平気でひとの親を殺し、ひとの財産を奪い、ひとの子女を奴隷としてはばからない。これでは、盗賊の所行と少しも変わりがないではないか。戦争とはあくまでも暴逆を罰し、不義を討つための手段にすぎない」

忌み嫌うべきものながら、人類は戦争をいまだ根絶できていないことを指摘しているのですが、その上でなお戦争に勝つ原則論は、研究し学ぶ価値があるとしています。

孫子も「戦争は国の一大事、国家の存亡がかかることである」として、軽挙妄動を強く戒めました。

現代の私たちが『孫子』から学ぶべきは、思想体系の真髄であり、人が多くいるこの社会で、大切なものを守り、充実した人生を全うするためだと信じています。

また、この場をお借りして、最強の兵法書『孫子』の解説書を執筆する、貴重な機会を頂いたプレジデント社ならびに、編集ご担当者の桂木栄一様に心よりお礼申し上げます。守屋洋先生にご紹介を頂いた、プレジデント社の大内祐子様にも、深くお礼申し上げます。（執筆に先立ち、守屋洋先生にご挨拶をさせていただくことができました）

孫武が私たちに託した最後のメッセージ

長い歴史で何度か洗練された書式になったであろう『孫子』には、洗練ゆえの一片の冷酷さが感じられます。しかし、その冷酷さの行間には、孫武のある強いメッセージが隠れていることを、読者の皆さんは感じたでしょうか。

「生き残れ、かならず生き残れ。そうすればかならずチャンスはある」

国家が滅亡すれば、再びのチャンスはありません。
すべてを失う大失敗だけは、なんとしても避けねばなりません。
だからこそ、『孫子』の全編には、完全敗北の罠にはまってはダメだ！　という孫武の警告、注意、叱責の強い思いが込められているのを感じるのです。

彼が見て体験した時代、彼が歴史として研究した事跡の中には、多くの国が栄え、そして戦いで滅亡した出来事が何度も繰り返されたのでしょう。

決して100%の敗北はしてはいけない、そんなことをする必要もない。

勝てないなら一時は逃げる。逃げても、粘り続けていれば、かならず勝機は訪れる。経験から戦略を導き出した孫子は、時間と経験の蓄積の威力を理解していたはずです。

孫子の兵法の読者、孫武の弟子と言ってもよい私たちは、安易な諦めや妄動とは対極の立場に身をおかねばなりません。

孫武は、こう言っているのです。

「私の弟子なら、かならず勝てるはずだ。ただし今すぐとは言わない、人生のトータル、全体を振り返るとき、その勝利が初めて姿を現すような勝利で構わない。大切なものを守り、自らの信念を貫き、最後の最後で、あなたの勝利がパズルのように全部組み上がる勝利で構わない。
だから、かならず勝ちなさい」
あとは、あなたが人生の勝利を手にするだけなのです。

二〇一四年一〇月　鈴木 博毅

超訳「孫子の兵法」早わかり！
これが孫子の骨子だ！

第一編「始計」 ※計画を始めるために

戦争は国家の重大事であり、存亡を分ける。細心な検討をすべきである。

「道」「天」「地」「将」「法」の5つで戦力を検討する。

7つの基本条件で彼我の優劣を判断する。

勝者は事前に見通しをつけ、敗者はそれを行わない。

軍師として私を登用し、策を聞き入れるなら呉国にとどまろう。

基本条件を把握したのち、「勢」つまり情勢に従って臨機応変に対処すべし。

戦争はだまし合いであり、相手をほんろうして、敵の意表を突くことが秘訣である。

開戦に先立ち、勝者は勝利の見通しや条件をととのえる。勝利する条件がなければ、負けるのは当然である。

第二編「作戦」　※実際の行動について

戦争には膨大な費用がかかることを理解しているか。
兵は拙速を聞く、長期戦に持ち込まない。その理由は戦争の膨大なコストにある。
智謀に優れた将軍は、糧秣を敵地で調達するよう努力する。
遠方への輸送は大きな負担で莫大なコストになる。
自国から運ぶ糧秣に比較して、現地調達は20倍の効率がある。
兵士に敵愾心を植えつける。勝ってますます強くなる組織を目指す。
兵の手柄を褒め、敵の捕虜を味方にして、成功を次の成功につなげていく。

第三編「謀攻」※はかりごとで攻める

百戦百勝は最善とはいえない。戦わないで敵を降服させることこそ最善である。

最高の戦い方は、敵の意図を事前に見破ってこれを封じることである。

最低の策は、敵が十二分に備えている城攻めを行うことである。

戦わずに勝ち、城攻めせず敵城を落とし、長期戦にさせず勝利する。その上、敵を味方に引き入れて天下に覇を唱える。これが知謀による戦い方である。

敵と味方の兵力差に応じて、戦い方を適切に変更すべし。

小勢力で、強大な敵にしゃにむに戦いを挑めば、敵の餌食になるだけである。

君主の補佐役である将軍に、最大限の能力を発揮させる。無能な君主は、現場で勝つことを期待されている将軍に、無用な口出しをして判断や指揮に干渉してしまう。

勝利を収めるための5条件。敵を知り、己を知れば必ず勝つ。己を知って敵を知らないなら確率が5割。敵も己も知らなければ、必ず敗れる。

第四編「軍形」※戦うときの態勢

昔の戦上手は、自軍の態勢を固めておいてから、敵の崩れるのをじっと待った。不敗の態勢は自ら作れるが、勝機は敵が与えてくれるものである。

攻めるときと守るときを心得ること。守るときは、敵につけこむ隙を与えない。攻めるときは、敵に守りの余裕を与えない。

誰でもそれとわかるような勝ち方は、最善の勝利ではない。毛を一本持ち上げても、誰も力持ちと言わないように、昔の戦上手は無理なく自然に勝った。勝っても智謀は目につかず、その勇敢さは人から称賛されることがない。

戦う前から、負けている相手を敵として戦う。

自軍を絶対不敗の態勢におき、敵の隙を逃さず捉えて戦うべし。

戦いを始めてから勝機を摑もうとする者は敗北する。

国力と資源、人口の多寡は戦力を決定するものである。

彼我の戦力の差が、5倍で敵対するようなら、必ず勝つ、逆であれば必ず負ける。

蓄えた水を深い谷底に切って落とすように、一気に敵を圧倒する。

第五編「兵勢」 ※兵に勢いを生み出す

大軍団を小部隊のように統制し、小部隊のように一体となって戦わせることである。

石で卵を砕くように敵を撃破するには、充実した兵力で、手薄の敵を衝く戦法をとる。

防御では敵の意図を見抜いて奇襲をさせず、こちらの攻撃は奇襲となるようにする。
奇襲のアイデアは千変万化であり、変幻自在でなければならない。

音階は5つに過ぎないが、それを組み合わせることで変化は無限に作り出せる。
戦争の形態も「正奇」から成り立つが、その組み合わせは無限である。
組み合わせの妙を採り入れることで、尽きない変化を生み出せる。

勢いと瞬発力を発揮するのが、勝者の軍であり、勝利する将軍の指揮である。

優れた指揮は、乱を治に変え、臆病を勇気に変え、弱を強に成長させる。
優れた将軍は、自軍に有利な態勢で進軍を号令し、敵を撃滅する。
戦上手は勢いに乗ることを重視し、一人ひとりの働きに過度の期待をかけない。
勢いに乗れば、兵士は思いがけない力を発揮する。

第六編「虚実」 ※相手のウソを見抜き、こちらの手を隠す

戦上手は、相手の作戦行動に乗らず、逆に相手をこちらの作戦行動に乗せようとする。

敵が救援軍を送れないところに進撃し、敵の思いもよらぬ方向に打って出る。

進撃する時は、敵の手薄を衝く。退却するときは、迅速に退く。そうすれば敵は追撃しきれない。

相手を分散させて、こちらは一点に集中して攻める。兵力が多いのは、相手を分散させて守らせるからである。

戦うべき場所、戦うべき日時を正確に予測できるなら、千里の遠征でも主導権を握ることができる。

戦争形態は、敵の態勢に応じて無限に変化する。同じ戦闘態勢を繰り返し使おうとするのは、間違いである。

水は高い所を避けて低い所を流れて行くが、戦いも充実した敵を避けて相手の手薄をついていくべきだ。水に一定の形がないように、戦いにも不変の態勢はありえない。

第七編「軍争」 ※激突するときの力学

急がば回れ。まわり道をしたように見せて、実はこちらのほうが早く勝利に辿り着く。

「迂直の計」とはこのことを言う。

遠方ほど、補給は遅くなりずれが生じる。したがって、距離が戦力に与える影響を正しく理解して、その影響力を排除する側だけが遠方での戦いに勝利できる。

作戦行動の基本は、敵をあざむくことである。有利な情況のもとに行動し、兵力を分散、集中させ、状況に対応して変化しなければならない。

風林火山、敵に先んじて迂直の計を用いれば、必ず勝つ。

兵の耳目を一つにする。わかりやすい音と視覚で指示を与える。膨大な兵士に統一的な行動をとらせるための方法。

有利な場所に布陣して、遠来の敵を待ち、十分な休養をとって敵の疲れを誘い、腹いっぱい食って敵の飢えを待つ。「力」を掌握するとは、これをいうのである。

戦闘に対して、無視できない影響を与える強い定石を尊重する。

第八編「九変」　※現場での臨機応変

現場での「するべからず」リストを作成して順守する。

ただしそのリストは、ルールではなくあくまで「成果」を基準とすべき。

現場を知りながら、臨機応変の効果に精通しなければ、地の利を活かせないことにつながる。

智者は、必ず利益と損失の両面から物事を考える。

敵の判断に依存せず、敵に都合のよい判断をさせるような情況を、自ら作り出すこと。

いたずらに必死にならない。逃げるばかりではいけない。短気では敵の術中にはまる。清廉潔白すぎると、敵の挑発に乗ってしまう。民衆への思いやりを持ちすぎると、君主も神経がまいってしまう。

第九編「行軍」※進軍する時の注意点

山岳・河川・湿地帯・平地で戦う場合の敵城の観察法と戦闘法はそれぞれ違う。
黄帝が天下を統一できたのは、地形に応じる戦法を採用したからにほかならない。

兵士の士気を高める環境、低下させる環境に注意する。

危険な土地のパターンを知り、そこに近づかない。険阻な地形など、入念に探索すべき。そのようなところには、敵の伏兵がひそんでいるからである。

敵の情況から、相手の心理、何を考えているかを見抜くこと。
逆に言えば、離れていても何が起こるか予見できるようになること。

相手の態度と環境から、その本音と意図を見抜くこと。

チャンスを前にして動かないのは、相手がそれだけ疲弊しているからである。

何事にも理由があり、敵の姿を見てそれを見抜くことが大切である。

やたら賞状や賞金を乱発するのは、敵が行き詰まっている証拠である。行動には意図があり、敵の窮状を教えている現象も存在する。

兵はただ多いだけではプラスとはいえない。心服している上に、厳しい軍律で管理されていることが重要である。

第十編「地形」※地形を味方につける方法

地形は6つに分類でき、分類ごとに最適な戦い方がある。地形に応じた戦い方を選ぶのは、将たるものの重要な任務である。

将軍・幹部・兵士・敵との兵力差。この4つのバランスが取れていないと、敗北を招く。

将軍は、このバランスを慎重に配慮すべきである。

地形と敵の動きを察知することは、将軍の重要な務めであり、絶好のチャンスならば、君主が反対しても断固戦うべきであり、逆に確実に勝てないときは、君主の指示でも戦うべきでない。功を挙げて名誉を求めず、敗北しても責任から逃げない者が、真の将軍である。

将帥は部下を赤ん坊のように可愛がるが、同時に規律に反したら正しく罰する必要がある。部下をわがまま息子のようにしないためである。

戦上手は、敵・味方・地形の三者を十分に把握しているので、行動を起こして迷うことなく、戦いが始まってから苦境に陥ることがない。

第十一編「九地」　※時と場所に応じ、兵の全力を引き出すコツ

自国の領内からの距離、相手の陣地からの距離に応じて、正しい戦い方が異なる。戦場を9つに分類して、その地に応じた戦い方をすべきである。

敵の最も重視している陣地をまず奪取する。そうすれば、相手を思いのままに振り回すことができる。敵の意表を突き、思いもよらぬ道を通り、迅速に攻撃する。

どんな兵でも命は惜しく、財産は欲しい。戦いたくない兵が必死に戦うのは、戦わなければ死ぬしかない、絶体絶命の窮地に立たされるからである。

部下の全力を引き出せる将こそが勝利する。

戦上手は、いがみ合う別の国の人間でも、同じ舟という危機意識の上に乗せて、協力せざるをえない状況にする。全軍を一つにまとめて自在に動かすのは、そうならざるをえない状況に仕向けるからである。

いったん任務を授けたら、二階に上げて梯子を外してしまう。兵士には、必死で戦うような環境を与え、余計なことを考えさせず集中させる。

情況に応じて、チームワークを強化する方法は異なる。チームが陥った状況に合わせて、その団結と意志の力が強化されるような助け舟を出すこと。また、窮地に陥れたら、必ず適切な道を示しておくこと。兵士はそこに向けて殺到する。

戦況や敵の情況を、つぶさに理解しておく必要がある。絶体絶命の死地でも、兵士が全力を出すことで勝てる場所を選ぶことが大切である。将が勝てる見込みを発見し、その場所に死にもの狂いで戦う兵士を投入するのである。

はじめは処女のごとく、終わりは脱兎のごとく。相手を油断させて、一気に勝負をつける。逆に、相手をさんざん警戒させて、行動のノロい軍が多く、そのような戦いは無駄骨に終わる。

第十二編「火攻」※目標の達成と火攻めの方法

火攻めは、決行に適した時期がある。火攻めの狙いは5つある。

火攻めは、その使い方に習熟していることが必要である。

水攻めと火攻めの違いについて。

敵を破っても、戦争目的を達成できなければ、結果は失敗である。

だからこそ名君名将は、戦いを選び、戦争目的の達成につとめる。

一時の感情で名君や名将が戦争を始めないのも同じ理由である。

（火攻めでも、当たり前だが一時の怒りで火をつけることが目的ではない）

第十三編「用間」※スパイと情報の重要性

戦争を行うには膨大な費用がかかる。正しい知識、敵情を探るために、スパイへの小さな褒賞を惜しんで、情報収集を怠るのははばかげたことである。名君堅将が戦えば必ず勝つのは、人を使い情報を確実に得ているからである。

情報を得るためのスパイには、5つの種類がある。敵に知られず、これらを使いこなすのは君主の最高の技能である。

スパイは、使いこなすには使う側にも知恵と人格を備えた人物が必要である。

敵のスパイを寝返らせて「二重スパイ（反間《はんかん》）」にすることは、特に重要な技能であり、この反間は、大変貴重で大きな影響力を持つので、待遇を厚くすべきである。

敵情に詳しい人物を幹部として、敵攻略の武器とすべきである。

殷王朝が夏王朝を滅ぼしたとき、周が殷を滅ぼしたときも、敵情に詳しい人物を宰相にして功績をあげた。優れた智謀の持ち主を、適材適所に採用することが、君主の力そのものであり、全軍のよりどころとなるのだ。

参考文献

『孫子・呉子』プレジデント社（守屋洋・守屋淳）
『経済人の終わり』ダイヤモンド社（P・F・ドラッカー）
『ランチェスター戦略入門』ビジネス社（田岡信夫）
『選択の科学』文藝春秋（シーナ・アイエンガー）
『戦略論――間接的アプローチ』原書房（リデル・ハート）
『ビル・ゲイツ――巨大ソフトウェア帝国を築いた男』翔泳社（ジェームズ・ウォレス、ジム・エリクソン）
『スティーブ・ジョブズvsビル・ゲイツ』ＰＨＰ研究所（竹内一正）
『良い戦略・悪い戦略』日本経済新聞出版社（リチャード・P・ルメルト）
『売る力――心をつかむ仕事術』文藝春秋（鈴木敏文）
『イノベーションと企業家精神』ダイヤモンド社（P・F・ドラッカー）
『サバイバーズクラブ』講談社インターナショナル（ベン・シャーウッド）
『エクセレント・カンパニー』英治出版（トム・ピーターズ、ロバート・ウォーターマン）
『ビジョナリー・カンパニー』日経ＢＰ社（ジェームズ・C・コリンズ、ジェリー・I・ポラス）
『遊撃戦論』中央公論新社（毛沢東）

[著者]
鈴木博毅　すずき・ひろき
1972年生まれ。慶應義塾大学総合政策学部卒。ビジネス戦略、組織論、マーケティングコンサルタント。MPS Consulting代表。日本的組織論の名著『失敗の本質』をわかりやすく現代ビジネスマン向けにエッセンス化した『「超」入門　失敗の本質』はベストセラーになる。その他の著書に『実践版 三国志』(プレジデント社)、『「超」入門　学問のすすめ』(ダイヤモンド社)、『ガンダムが教えてくれたこと』『シャアに学ぶ“逆境”に克つ仕事術』(共に 日本実業出版社)など。

―本書のプロフィール―

本書は二〇一四年一〇月にプレジデント社より単行本として刊行された同名作品を文庫化したものです。

小学館文庫プレジデントセレクト

実践版《じっせんばん》 孫子《そんし》の兵法《へいほう》

著者 鈴木博毅《すずきひろき》

二〇一六年十一月十三日 初版第一刷発行

発行人 菅原朝也
発行所 株式会社 小学館
〒一〇一-八〇〇一
東京都千代田区一ツ橋二-三-一
電話 販売〇三-五二八一-三五五五
編集 (プレジデント社)
〇三-三二三七-三七三二
印刷所——凸版印刷株式会社

ISBN978-4-09-470013-8